与孩子谈心

26堂高效亲子沟通课

TALK TO YOUR CHILD

邱淳孝◎著

中国友谊出版公司

图书在版编目（CIP）数据

与孩子谈心 / 邱淳孝著 . -- 北京：中国友谊出版公司，2019.11

ISBN 978-7-5057-4801-9

Ⅰ . ①与… Ⅱ . ①邱… Ⅲ . ①儿童教育 – 家庭教育 Ⅳ . ① G782

中国版本图书馆 CIP 数据核字 (2019) 第 200101 号

原著作名：《与孩子谈心：26 堂与孩子的沟通课》

作者：邱淳孝

原出版社：四块玉文创有限公司

书名 与孩子谈心
作者 邱淳孝
出版 中国友谊出版公司
发行 中国友谊出版公司
经销 新华书店
印刷 大厂回族自治县益利印刷有限公司
规格 710 × 1000 毫米 16 开
15 印张 237 千字
版次 2019 年 11 月第 1 版
印次 2019 年 11 月第 1 次印刷
书号 ISBN 978-7-5057-4801-9
定价 45.00 元
地址 北京市朝阳区西坝河南里 17 号楼
邮编 100028
电话 （010）64678009

目　录

CONTENTS

Chapter 3 破解孩子状况，教养之路不卡关

在清楚了解教养孩子时的一些观念及心法后，接下来会针对目前常见的孩子状况，做更具体的说明与解释，以及明确的应对方法。相信通过这些反复练习，不但能解决你与孩子的问题，更能看见你与孩子的潜能，重现家庭的和乐氛围。

Chapter 4　因为孩子，才学会当父母

或许父母会说：看过那么多亲子教养书，为什么效果不好？或是为什么实际跟孩子互动时容易情绪暴走呢？恭喜你有机会走一场“自我探索”的疗愈之路，帮助你提升与孩子、家庭的关系。所以，赶快来看看父母常常被卡住的议题，以及如何自我觉察。

〔推荐序〕
一起努力，自己与孩子都能做得很好

这个年代，做父母是很辛苦的

有一次，我到附近的公园运动时，看到了一个画面：

一个3岁大的孩子，在公园的椅子上站着，他不停哭叫，两手张开，朝向站在他对面的妈妈，大哭着说："抱抱、抱抱，妈妈抱抱！"站在对面的妈妈，看起来非常生气，拨开他的手，大声地说："不抱！你哭什么哭！做错事还哭！你给我闭嘴！"小孩听到妈妈这么说，哭叫得更加大声，不停地说："妈妈，我要抱抱，妈妈！"然后，他张着手，一直要着妈妈的拥抱。

小孩的哭喊，以及妈妈生气而痛苦的脸，令我印象深刻。事隔多年，仍然清楚地在我的脑海里。

如何让孩子不要哭闹？如何更理解孩子？还有，在孩子失控时，我们要如何不失控，才不会变成糟糕的父母？这或许，是许多父母教养孩子的难题。

尤其在我们这个年代，做父母是很辛苦的。以前的年代，不用特别强调如何教养孩子，也没有太多亲子教养的知识；上一代的父母，用吼叫、用处罚、用权威，很多时候就可以让孩子闭嘴听话，达到目的。

不过，这种权威管教的结果，造成了许多孩子的伤痕。这些孩子长大成人，决定不想让小孩重复自己的苦痛，因此不愿意再用同样的方式管教自己的小孩；但在此同时，各种亲子教养知识触手可及，于是，我们不嫌信息少，而是信息太多。

要做一个好父母似乎要做到很多事：要体贴孩子的心情，但是又要帮孩子建立规矩、责任感、判断力……身为父母，突然变得很不容易。到处都有各种信息，提醒我们：“你可能是不够好的父母。”

淳孝的这本书，体贴了这样的父母的心情。

面对不同阶段的孩子，有不同的解法

《与孩子谈心：26堂高效亲子沟通课》，书中的主轴是亲子教养，对许多理论、实务方法都相当娴熟的淳孝，用温暖而清楚的文字，说明关于父母亲子教养的基础概念，并分享许多简单可执行的教养方法。虽然书中使用大量的理论作为基础，但在淳孝的清楚说明和与孩子的实际互动下，使得这些理论不再艰涩难懂，而让人觉得容易理解与靠近。

更重要的是：淳孝也不停地提醒父母在重视亲子教养的同时，更需要照顾与理解自己的情绪。唯有能够理解、尊重与接纳自己的情绪，面对孩子的情绪与困难时，我们才能有更多的理解与接纳，也才有机会做到尊重与包容。

毕竟，能理解自己的困难，允许自己犯错，允许自己是不完美的父母，才有能力去理解与包容孩子的困难，并且能够允许孩子有犯错或发脾气的空间。身为父母，我们能允许自己有时“不够好”，也才能相信自己“够好”；那时，我们也才有能力，看到孩子的“够好”。

淳孝一直是我个人非常欣赏的心理师，他的才华、努力与面对孩子的柔软，在这本书中展现无遗。《与孩子谈心：26堂高效亲子沟通课》涵盖了面对孩子不同阶段的父母，可能会遇到的教养问题与困难，并且提供许多可执行的解法。因此这本书可说是一本有关亲子教养的实用工具书。

诚挚推荐这本书，给每位，想更了解自己与孩子的父母。

心曦心理咨询所所长、《情绪勒索》作者

周慕姿

〔自序〕
在陪伴孩子的路上，也陪伴着我自己

小时候的孤独印象

在我的记忆中，我的父母非常忙碌，印象中，几乎都是低着头在工作。而在我身边的，几乎都是那些照顾我的不同“阿姨”的身影。

这些没有血缘关系的阿姨，对我很好。但在我小小的心灵里，可以清楚知道，阿姨“只是”来照顾我的：她们买东西给我吃、接我上下学，但不会跟我聊聊在学校发生什么事，或者太在意我的开心或难过。

那时的我，非常孤单，但我并不知道。

印象中有一次台风夜，我在爸妈的房间里自己玩耍，我的妈妈打电话给我，问我：“你自己一个人在家，会不会害怕？”我一派轻松地说：“不会啊。”而心里想的是：“我一直以来都是一个人的，有什么好害怕的？”

但当我回答后，电话另一头传来的，却是一阵沉默。现在长大后回想起来，或许那时我的妈妈，也在懊恼且自责着那个不能陪伴我的自己，但却无话可说。

小时候的我，常被说“好乖”，我不懂那个“乖”是什么。只是觉得，对这个世界没有抱持着太多的期待。而我也时常感觉到“孤独”，因为我不知道我的爸妈，他们会不会一直都在。而我那寂寞的心，又可以被谁理解。

大学的心理咨询，“练习”找回感觉

这样孤单且寂寞的我，长大之后，跟身边人的互动及关系总是“淡淡”的。

大家基本上不会太讨厌我，也会觉得我很好相处，但是只要多靠近我一点点时，就好像碰到了一个透明的薄膜，无法再接近了。

我曾因这种关系而感觉到苦恼。因为我不知道该怎么做，才能够跟别人更靠近。

因为在我的经验中，几乎没有被好好靠近的经验。

在我读心理专业之后，感觉自己像是一个做复健的病人，开始“练习”找回自己的感觉，找回自己跟其他人建立关系的方式。我开始“练习”去靠近我身边的人，开始“练习”跟别人讲心事，“练习”去表达感觉、去哭、去笑、去生气。慢慢地，我感觉自己，一点一滴地，活了过来。

而这样一个寂寞的“我”，在我姐姐的小孩出生之后，在我第一次变成了“舅舅”的时候，开始变得不太一样……

变成“舅舅”，感受被需要的关系

我印象很深刻，有一次跟我外甥的互动：那时外甥大概 2 岁左右，我正从我的老家台南吃完最后一顿晚饭，准备搭车回台北。

当时我姐姐与姐夫几乎全天候地待在孩子身边，孩子还没有太多“分离”的经验。所以当我告知外甥，我要回台北的时候。孩子原本开心的神情，突然变得好难过、好难过。接着，他从抽泣变成了大哭，一边哭着，一边喊着：“舅舅……”虽然话讲得很不清楚，但我完全可以感受到，孩子希望我可以留下来陪他。

孩子的眼泪好像滴在我的心上，一方面让我看得好心疼，但也因为那如此真诚、直接的眼泪，让我感受到从来没有感受过的：原来我对一个孩子而言，竟然可以如此重要。

而这种被在意的感觉，让我那片原本麻痹、干涸的心土，开始有了温度，开始流动、活化了起来。

从那次的经验之后，我发现跟孩子相处时，孩子总会提醒我很多那些早已遗忘许久的事：

他们提醒我慢下来，去看看天空的云、地上的蚂蚁；他们提醒我，可以不用害怕别人的眼光，只因为听到一首喜欢的歌，就开始随意地扭动身体，随着音乐舞蹈；他们提醒我，可以毫不保留地表达在当时最完整的情绪，可以因为现在肚子饿或难过，而用撼动天地的力气大哭，但又在下一秒钟，因为有人的照顾与陪伴，发自内心地笑着。

他们好自由。看着他们，也怀念着在我身上，曾经有过的这些自由。

研究所的系统化理论，更理解孩子的心

在跟外甥开始慢慢培养感情的同一时间，我也在台北教育大学心理与咨询研究所，跟着曾端真老师学习阿德勒心理学。曾端真老师通过理论，以及跟小孙女互动时的故事，教我们“用孩子的眼、孩子的耳、孩子的心，去认识孩子的世界”。怎么样打从心底地去尊重并欣赏一个生命，让一个孩子可以自主、自律、自由，同时能拥有挺得住挫折且面对困难的勇气。

在接下来几年，我让自己在小学、初中、高中、高职、大学等不同年龄层的学校、场所工作与学习。我喜欢听孩子说话，也喜欢听父母说话。

我跟着赵文滔老师学习家族治疗好几年。这经验帮助我更能够去看见，一个家庭如何影响孩子，又如何被孩子影响着。让我能够用一个更“系统、全面”的角度，去理解孩子的状况。

我也跟着曹中玮老师学习完形治疗，增进我对情绪的敏感度；而心理剧的训练，也让我可以更自在地从父母或老师的位置，交换到孩子的位置，去理解孩子的脉络。

带着这些经验，当我跟孩子互动时，能更体会到，自己对孩子的进退应对是很得心应手的。我深刻地体会到阿德勒所说的：“一个有行为问题的孩子，背后其实是个缺乏爱、充满挫折、缺乏练习的孩子。”

学习欣赏孩子最真实的部分

更重要的是，我能够跟孩子处得好，是因为我能看见孩子的脆弱、孩子的需要，且总是能够欣赏孩子最真实的部分。记得有一次我看见旁边有两个孩子在拌嘴，

我自然地脱口而出说："他们吵架的样子真是可爱啊！"我常常在孩子难过、生气、任性的时候，欣赏起他们自由的样子。这份欣赏让我不会过度地承担孩子的情绪责任，也能够很快地知道，我该怎么跟孩子接触、帮助孩子。

长期与孩子相处的过程中，有一个感触是：我在陪伴着孩子，试着去理解孩子、听懂孩子时，其实"我"才是被孩子陪伴的那个人。他们是我的镜子，是我人生的导师。

当我看见他们对我总是能够真诚地流泪、生气、耍赖，让我感觉我是被他们信赖的；当我对他们的态度有一点点的不同，他们会马上反馈给我，让我知道我做对了；当我真的好好地去听懂他们心里话的时候，我也感觉，自己小时候那个"孤独"的自己，好像也有一点点被了解。

而我，也在这条陪伴着孩子的路上，陪伴着我自己。

从"四大面向"切入，把教养力气花在正确方向

所以，我写下这本书，是希望能够将我跟孩子互动时，那些快乐、自在的经验，那些影响我至深的观念，那些好用的小技巧，能够有系统性地分享给身为父母的你。

我把书分为四大部分，分别为：

一、建构心态的"亲子这条路，你准备好跟孩子'共学'了吗？"在一开始之前，将教养孩子的心态先建立，并聊聊可以用怎样的立场与心情阅读这本书。

二、观念打底的"你能真正'听懂'孩子的心情吗？"通过一些理论说明，以及跟孩子互动时的一些大原则。依循这些大观念，就像是在森林里拿着指南针一样，在亲子教养的路上，不至于失去方向。

三、针对孩子问题去做探讨的"破解孩子状况，教养之路不卡关"，里面会介绍一些教养孩子的具体做法与技巧。同时，也会穿针引线地引用第二章节的大观念，让父母可以前后呼应与对照。

四、回到父母的自我理解与自我照顾之"因为孩子，才学会当父母"。

在本书中，我会举出许多故事与案例，协助读者对于该主题有更立体、清楚

的了解。而本书所有案例内容、人名，都是在真实的基础上，进行过重新创作，如果雷同，是因为这些故事正发生在许多家庭的身上，许多人都跟你有同样的困扰。

此外，我也会佐以许多理论说明。

或许理论对有些读者而言会比较生硬一些，但对我而言，学习亲子教养不只要有对人性的关怀与理解，更需要心理学实证研究的支持。而在本书里所写下的内容，也是我亲身使用过觉得有帮助的，才愿意下笔分享给大家。

我希望通过这本书，不仅能够在父母教养孩子的过程中，稍微省一点力，把力气用在正确的方向上。更重要的是，希望各位父母也能跟我一起“享受”当父母、陪伴孩子的感觉。

你会发现，在教养孩子的过程中，那些辛苦与不容易，最终都会苦尽甘来，成为父母心中累累的果实。

Chapter 1

亲子这条路，你准备好跟孩子“共学”了吗

在亲子教养这门功课上，父母要做的事情不只在“觉察”孩子的思考行为是否得当，更不在于“如何整治”孩子，而是身为父母的我们怎么“站稳自己的脚步”。

01　父母先走出来，孩子才有希望

你是否常质疑自己："我是不是哪里做错了？""我不是一个好父母……"教养孩子不是一天就能达成的，千万别被自己的困扰情绪及挫折给击倒。

别被自己的压力及挫折给击倒

自己在跟很多家庭与父母工作的时候，常常感觉父母是很受挫的。这些挫折会让父母怀疑自己："我是不是哪里做错了？"甚至会责怪自己："我不是一个好父母。"

许多父母，其实不是被孩子的问题行为给打败，而是被自己的挫折击倒。

我曾经在天使心家族社会福利基金会服务过一段时间，他们是一群为身心障碍家庭服务的基金会。服务对象包含：身心障碍孩子、这些孩子健康的手足兄弟、他们的父母这三个区块。面对身心障碍的孩子，对父母来说是一个非常大的挑战与困难，因为那是"再怎么努力，也无法让我的孩子，变得跟一般孩子一样"的深深无力感。

而在孩子、手足、父母这三个区块里，我个人认为最关键的，其实是"父母"。我很认同天使心基金会的名言："父母先走出来，孩子才有希望。"

我认为这句话，不只适合用在有身心障碍孩子的家庭，也适用在所有的家庭。

我常常看见在一个家庭里，当父母的心情稳定了，才有办法知道跟孩子相处的盲点在哪里，而自己的困境又在哪里，并进一步去调整时，亲子关系与家庭互动往往能够得到非常显著的改善。

家族是整体，彼此会影响

我在学家族治疗时，学习到一件非常重要的事情是：“系统的眼光”。

当我拥有系统的眼光时，再看待每个家里的困难，便不会只用“孩子或父母有问题”的角度来看，而是“将家族视为一个整体，每一个人都会彼此影响”。举例来说：

一个懒惰的孩子，可能是妈妈总是帮孩子把事情全部做好，孩子就不需付出。

一个爱顶嘴的孩子，可能是因为爸爸总是太过严厉、高压管教带来的反弹。

一个尿床的孩子，可能是因为感觉到弟弟出生了之后，失去了关注，所以借此重获父母亲的关注。

而一个夫妻关系不和睦的家庭，也可能时常让孩子蒙受很大的情绪压力，甚至被逼得要“选边站”，而让孩子没办法好好专心在学习上。

当家里的父母只把问题归咎在孩子“顶嘴、不懂事、懒散”，而用更大的力气压抑孩子的情绪与声音的时候，反而会造成更严重的反弹。然而若能够看见“孩子的问题”与“父母的反应”之间的关联时，自会理出一条出路。

当然这么说并不代表孩子有问题是“父母的错”，而是孩子一定也在这过程中，扮演一个重要的角色，需要负起属于自己的责任。只是父母是一个家庭的支柱，拥有很大的影响力。况且父母比孩子有更多的人生阅历，也有更大的动机去改变。

我在实务工作中常常发现：当父母愿意做调整时，孩子的改变往往是非常振奋人心的！

改变从父母开始，孩子才会跟着改变

更重要的是，做父母的你必须把改变的责任与权力，拿回自己手上。

只要身为父母的你尝试了本书中的一些方法，而且看见反馈与改变时，会对自己在教育孩子或跟孩子沟通时更有自信，甚至从中体会到“原来我对孩子而言，那么重要、有影响力！”而这些，都可以带给父母莫大的鼓舞与信心。

所以我想对各位父母们说：“孩子的改变，就从我们父母开始吧！”

02 让孩子成为父母的镜子及导师

当身为父母的你，已经心力交瘁地将教养的焦点，从“怎么改善孩子的状况”，转为“宣泄情绪、减低焦虑”时，无助于长期的友善的亲子关系的建立。

下手管教前请先思考：真的是孩子的问题？还是你的？

在我的经验里，很多父母并不是没有能力管教孩子，或者不知道该怎么做才是真正对孩子好。而是很多时候，父母常常是“卡”在自己的议题上，失去了管教孩子的弹性。例如：

习惯总是让所有事情在轨道上、按部就班的妈妈，会很难接受孩子总是散漫，而会急着想帮孩子把事情处理好，不小心变成了控制狂。

很没自信的滥好人爸爸，可能为了让孩子喜欢自己，而会变成一个没有界线、无法管教孩子的父亲，不小心太过“宠”孩子。

而总是相信着“人定胜天”“如果失败，一定是不够努力”“如果可以一次做对，为什么要犯那么多次错”的爸爸，可能也会太快地要求孩子，马上要“做好、做对”，而给孩子很大的压力，甚至压垮孩子。

面对夫妻冲突，不知道如何跟先生沟通的太太，则会把婚姻间未解的压力，转移到跟孩子的关系上。

所以我想请各位父母想一想：在你跟孩子的互动中，勾起了哪些你人生中未完成的功课？

其实要思考这个问题是沉重的，毕竟我们有谁在直视自己的“缺点”时是舒服的？尤其父母用的那些无效的老方法，往往是自己在过去生命经验中，曾经有用的方法。例如：

缜密干练的个性，让妈妈在工作上能够被主管赞赏。

滥好人爸爸可以通过配合别人，而感觉自己有一点点价值与存在感。

相信“人定胜天”的爸爸，也靠着此坚毅的信念而打拼出一番事业，或在最辛苦的时候，存活下来。

而无力跟丈夫沟通的太太，也有让自己不要轻易受伤的最好方式……

认清自己，才能跳脱跟孩子的互动困境

父母对待孩子的习惯性模式，其实跟自己的生命经验息息相关，也是根深蒂固且难以改变的。因此，当你能够“认清自己的样子与习惯，是如何影响跟孩子的互动”时，才能够跳脱跟孩子互动的困境。

然而，我必须再次强调，当我说“孩子的状况与父母有关”的时候，并不是要指责父母：“你的孩子有问题，都是身为父母的错！”

我曾经听过一个人的演讲，他在演讲的最开头就说：“孩子的问题，有90%都是父母的错！”听得我真是冷汗直流。如果我也是为人父母，当下可能羞愧地想马上离开现场。

我不认同这样的说法，因为我认为这样只会让父母更挫败：父母的羞愧、自责不仅无法帮助到孩子，反而会成为教养孩子很大的阻碍。

为什么呢？

身为父母的你，有时候为了孩子使出浑身解数，当你已经心力交瘁、充满罪恶感时，你的所作所为，已经不在于“怎么有效地对待孩子”，而会变成“宣泄情绪、减低焦虑”“让自己‘当下’觉得好过一点”“证明我不是个那么差的父母”。

当父母对自己如此没自信、挫败时，教养的焦点反而从“怎么改善孩子的状况”，转为“避开自己的焦虑与不舒服”。而这其实无助于长期的友善的亲子关系的建立，还有可能越来越糟。

别当“100分”的父母，而是与孩子共学亲子这堂课

我发现很多父母在听很多亲子演讲、看很多教养书籍的时候，第一个反应常常是：“我这个地方又做错了，我果然还有很多做不到的地方。”从而会有一种很严重的疲倦感与挫折感，好像怎么做，都成不了书中提到的那个“100分”的父母。

也因此，我想提醒看这本书的父母，在阅读本书的时候，可以这样想：

把“做父母”，当作是一个“自我成长”的机会。你的“家”，也是“修炼场”。而你的孩子，是你的镜子，也是你的人生导师，帮助你面对你人生的功课。

有一个愿意自我反思、调整、学习的父母，是孩子最大的福气。而能够跟孩子“共学”的父母，最后的大赢家，也是自己。

03　学习用孩子的角度去看、去听、去感受

当亲子冲突发生时，你站在什么角色或角度看待呢？是大人的世界，还是马上蹲下来以孩子的视角来看事情呢？在亲子关系建立过程中，唯有父母真心地进到孩子的世界，才有办法陪着孩子，做出不同的选择。

从父母“换位”到孩子的立场

吴念真导演是我很欣赏的导演，他曾经在一场访谈里提到：“我们总是用自己的脑袋，去想别人的事。”而这是我们在人与人的互动之中，尤其是亲子教养里，最常犯的毛病。

奥地利心理学家阿德勒[1]（Alfred Adler）所创的“个体心理学”，引用到亲子教养这一领域上，带给我非常大的启发——如何用孩子的角度去理解这个世界。

有一位父亲，他非常地生气，因为自己刚满一岁的孩子，常常不让自己抱，整天黏着妈妈，甚至只要自己一接近，孩子就哇哇大哭。这位父亲为此还对自己的太太非常地生气，说太太太宠孩子，才让孩子反应如此激烈。

但事实是如此吗？在我细究之后，才发现事情的根源：原来这位父亲，在工地里多半做粗活工作，每次下班回家，拖着一身疲惫的身躯及浓浓的汗臭味。不

---

1. 阿尔弗雷德•阿德勒（Alfred Adler，1870~1937）生于奥地利维也纳，是著名的精神分析学者、医生，也是个体心理学的创始者。学说以“自卑感”与“创造性自我”为中心，并强调“社会意识”，对后来西方心理学的发展具有重要意义。

过即使身体十分疲倦的他，还是想跟孩子多一点互动，却因为太急着想要接近孩子，所以每次在接近孩子的床边时，移动速度总是太快，再加上因为做工而锻炼出魁梧的身躯，在孩子眼里，像是庞然大物突然逼近自己，而感到恐惧。甚至每次爸爸都是粗手粗脚地把自己从妈妈身边或温暖的床边抱走，也难怪孩子总是吓得哇哇大哭。

于是在过程中，我引导父亲思考，猜猜看在孩子眼里，看到了什么？感受到什么？

这时父亲比较能静下心来思考并了解，孩子并不是不喜欢自己。而当我建议这位爸爸放慢速度，在跟孩子说话的时候放低音量，甚至放低自己的身躯，让孩子不觉得眼前这个“物体”如此骇人时，孩子被吓哭的情形也就少了许多。

举出这个小小的例子，是想提醒父母，若在亲子关系中“卡关”时，我们也很容易陷在自己的盲点里，或者很快地就对号入座想着“一定是孩子哪里出了错”，却不会反向思考自己是否造成孩子的困扰。

因此，试着让自己转换立场，从父母“换位”到孩子的位置，是非常重要的。

三步骤转换心情及看事情角度

父母可以试着用以下思考方式来帮助自己检视：

（1）现在我很生气或烦躁，先让自己深呼吸、缓一缓高涨或不舒服的情绪。

（2）想象一下，如果我是孩子的话，我在想什么？我的感觉是什么？我遇到了什么困难？

（3）而我可以怎么帮孩子的忙？

或许当自己冷静下来或慢下来时，能够更了解，孩子究竟发生了什么事，而你们的关系又被困在哪。

当你真的进到孩子的世界时，你会发现，孩子做的所有事情，大都是有道理的。

因为孩子总是用他个人化的逻辑（阿德勒称为“私人逻辑”）来理解与面对这个世界。当身为父母的你进到他的世界，你才有办法陪着孩子，做出不同的选择。而不是站在孩子的对立角度，然后硬拉着孩子，变成父母心目中的理想样子，从而导致两败俱伤。

最后，我把阿德勒的这句名言，送给各位父母：

用孩子的眼去看、用孩子的耳朵去听、用孩子的心去感受这个世界。

祝福你我。

Chapter 2

你能真正“听懂”孩子的心情吗

教养重视的是观念，而不是细节。观念就像是武功秘籍里的“心法”，也像是在教养之路上指引父母的一盏灯塔，帮助自己去理解孩子行为背后的困境与目的，才能“对症下药”，找到对这个孩子及家庭最好的沟通方法。

04　孩子种种行为目的，只是为了克服自卑感

身为父母的，你会陷入“我没有要求孩子考高分！我都跟他说，只要尽力就好了！”或是“孩子，你连努力都没有就放弃，很糟糕！”的迷思吗？与其花力气“找原因”，还不如去理解“孩子行为背后的目的及需求”，才能更柔软地贴近孩子的心。

从自卑感到优越感，是孩子成长的动力

安均在班上，总是名列前茅，常常上台领奖。安均非常非常认真，做许多事情都一丝不苟，有时候甚至会因为自己一个题目不会，而情绪低落好几天，甚至常常在班上暴走发脾气。

佳文则是在另外一个极端，考试常常不及格，作业经常不交，偶尔会看见佳文上课拿起课本，可是不到10分钟，马上就打起瞌睡。如果老师叮咛她要多努力，佳文也只是一派轻松地说：“没事啦，反正我也学不明白。”

两个孩子的表现风格完全不同：一个“过度努力”，一个“放弃努力”。但可能在心底深处，他们有非常惊人的相似性——自卑感。

就阿德勒的心理学来看，由于孩子在幼年时期的认知不成熟，加上生理上的弱势，因此在主观的知觉中，必然会有自卑感，于是所建构的人生原型总是朝着克服自卑或补偿自卑的方向前进。因此，用“自卑感、优越感”“自卑情结、优越情结”“人生风格、虚构目的”这几个方面所共同建构的架构与视角，来窥得孩子的样貌，才能帮助父母去客观理解孩子心态发展。

首先，要来了解什么是自卑感及优越感。

1. 自卑感

“自卑感”比较适切的翻译，应该是“自觉不足”。阿德勒认为，人从一出生，就是在一种“无能为力”的状态下来到这个世界上，因此拥有很多的缺点、不足，而感觉到自己有这些不足，就是“自卑感”。每个人的自卑感可能有所不同，例如成绩不好、长得矮、害怕没朋友、渴望被爱等。如果用白话的方式解释：自卑感指的就是孩子的“痛点”，一旦戳到，就会容易让孩子感觉非常“不舒服”。

2. 优越感

与自卑感对立的概念就是“优越感”。生而为人，自然会有一股“让自己变好”的趋力，也就是阿德勒说的“追求优越感”，所以我们会努力读书、去打篮球、参加社团交朋友等。而自卑感则是在这个追求优越感的过程中，提醒我们还有哪些需要改进的指标。

3. 从自卑感到优越感

阿德勒认为，自卑感是每一个人都会有的，因为我们每个人都是不完美的，而这个从自卑感到优越感的过程，是一个健康的过程，因为它让我们成长、进步。而我们人类进步的动力，也都跟这个从自卑到优越的过程有关。

以安均的案例来说：当他考试考差了，不满意自己的成绩，就会好好认真学习，而“认真学习”就是一种“克服自己自卑感，追求优越感”的过程，是一件好的事情，是具有积极建设性的。

自卑情结与优越情结

不过，从自卑到优越的过程中，很容易陷入两种情况：自卑情结与优越情结。

1. 自卑情结

当一个人想要摆脱自己的自卑感，但自我价值与勇气不足，或自我过去所累积的经验无法帮助他配备好面对困境的能力时，可能会因努力的方向错误，导致徒劳无功，因而产生很深的自卑情结，进而选择逃避的方式。例如很多人会通过

“放弃努力”，让自己避开“我尽力了，却还是做不到，所以有更深的挫败感”的情况。

而自卑情结很深的人，会常常感觉到“我没有能力、我很失败、我很差”，例如上述例子中的佳文与安均，当自己的成绩表现不好时，对自己有很负面的评价。而这种“逃避”的方式，并不能真正让自己变得更好。

2. 优越情结

而有的人会从自卑情结发展出“优越情结”。

举例来说，有的孩子明明是很没自信的，但却很习惯把自己讲得很厉害，不断向别人自夸；有的孩子心里很难接受成绩不好的自己，就会帮自己定一个“我一定要考全班或全校第一名”的目标；或是一个非常害羞的孩子，会认为自己必须“跟所有的人自在地打成一片”，才算是融入人群。

而优越情结就是这种“过度补偿”的倾向，就是俗语所说的：“打肿脸充胖子”，或是“好高骛远”。

优越情结很深的人，看起来很努力、目标定得很漂亮，但其实也是一种用来“保护过度自卑感”的保护罩。

虚构目的论，探究孩子行为背后的“目的”

阿德勒认为，人的行为是有目的的，因此称之为“虚构目的（Fictional Goal）”。而“虚构”两个字，代表这个目的是个人虚构、想象出来的产物，也就是人们在自己的脑海里，默默给自己设下一个用来解决自己问题的隐形标杆。

因此在面对亲子沟通时，身为父母的我们要不同于过去“找原因”的习惯，不再一直追问孩子：“为什么你会做出这样的事情？（问原因）”，而是要去思考：“孩子这么做，达成了什么目的？或满足了孩子的什么需求？（问目的）”。

过去的父母会认为，自己一气之下，打了孩子，好像“情绪是因，行为是果”。但阿德勒却认为，我们是为了达到某种目的而“利用”情绪。换句话说，父母会打孩子，是因为“打孩子可以让孩子听话，因此‘利用了愤怒’”。

过去，父母总认为“一定有什么原因让孩子不去上学”，并试图去找原因；现在了解到这种思维模式后，身为父母的我们要转化思考“‘不去上学’可以满足孩子的什么目的？”例如，不上学可以避开在学校的人际冲突，或是可以留在家里面，守护着爸爸妈妈的婚姻。

这是一个非常具有突破性的观念转变，父母在跟孩子互动时，可以不用把力气花在“找原因”上，而是更能够去理解“孩子行为的目的”，去思考“为什么对孩子而言，要放掉问题行为是如此困难的”。因为此问题行为，符合孩子心中的虚构目的。

自卑感越深，虚构目的越不恰当

回归到前面提到的自卑感。一个自卑感太深或有自卑情结的孩子，会定出一个“过高或不适当”的目标，用来克服心中那个很深的自卑感。

以安均与佳文的例子来说：他们在外在表现上，是非常不一样的——一个名列前茅，一个却连作业都写不完。可是他们的内在，却有同样很深的自卑情结。

安均生怕自己不是“好学生”，甚至觉得如果不是好学生就没有人会喜欢自己，所以他在内心定出了一个“过度努力”“我一定不能犯错”的虚构目的，让自己一直在那个好学生的优越位置。但他的内心深处其实有个很深的自卑情结，即“我没有办法接受那个可能会表现不好的自己”。

佳文未尝不希望自己能够当个“好学生”，只是过去的学习不顺，再加之长期的挫败累积，让她定下“我不要让我自己太努力”的虚构目的，去面对她的自卑情结。虽然这个目标对于她的成绩精进没有帮助，但放弃努力有个很大的好处是：如果我从一开始就放弃，就不会经历“努力了却还是做不到”的挫败感。而以孩子的角度来看是很有道理的，因为那是一个最容易维护自尊，让自己感觉没那么糟糕的方式。

安均的过度努力跟佳文的放弃努力，只是因为他们设下了不同的虚构目的，但其实都是用来克服自卑感的方式。

进入孩子“生命风格”与“私人逻辑”的主观世界

但为什么两个孩子，会用不同的方式、不同的虚构目的面对他们的自卑感呢？一方面跟孩子的天生气质或个性有关，一方面也必须看他们过去的经验。

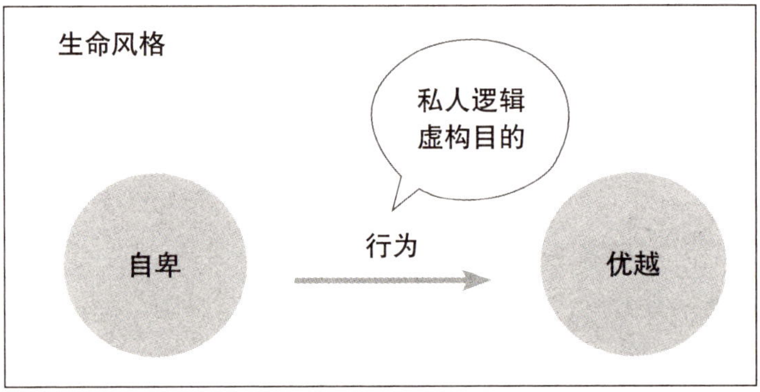

阿德勒的生命风格形塑架构

举例来说，安均的爸妈都是老师，他们从小就对安均期待甚高、要求甚严，大多数的时候，安均都做得到这些要求，所以他对于挫折的自己很陌生。同时，在安均的家里，哥哥、姐姐的成绩都很出色，看着爸妈为哥哥姐姐的好成绩而骄傲时，他认为“我必须要表现得‘这么好’，才能够被父母所爱”，并讨厌着那个在成绩上表现不好的自己。

而佳文从小就常常被身边的大人有意无意地贬低。佳文还记得在她小的时候，兴冲冲地想要帮妈妈拿东西时，不小心手滑让东西碎了一地而招一顿骂；同样在学习上，佳文的努力不仅没被看见，一旦考得不好，爸妈会冷嘲热讽：“反正你也不是个读书的料”。这都让佳文学到“当我试着想努力时，也只会遭来不好的结果”，宁可选择设下“放弃努力”的虚构目的，让自己感觉好过一点。

孩子表面的问题行为，就像冰山下的一角，如果只针对表面的问题行为处理，是很容易困住的。重要的是孩子在冰山底下的信念、感受、价值观、自我概念。

因此我们需要从过去的经验、社会脉络，去理解孩子的（问题）行为背后所隐含的“生命风格”与“私人逻辑”，去了解安均与佳文的过度努力跟放弃努力是怎么来的。

寻找孩子心中个人独特的想法

但有的父母会说："我从来没有要求他一定要考那么好啊！我都跟他说，你只要尽力，那就够了！不需要给自己太大的压力。"

父母需要了解一件事是：孩子相较于大人，是更为矮小瘦弱的，因此孩子会更倾向用他自己小小的眼睛去理解这大大的世界。例如：当我回想小时候的爸妈，会觉得爸妈就像是巨人一样高大强壮，而那种屹立不摇的形象则深植我心中；或者小时候那条无止尽的漫漫长路，其实只是一条小小的道路；而童年记忆中的某片大草原，很可能只是公园里的一个小小角落。

孩子身体与心智上的限制，都容易让他们认定自己是没有能力去面对与处理眼前的困境的，因此会用非常"狭隘"的方式来理解事情。

这就是为什么孩子常常会用自己独特的"私人逻辑"，也就是孩子自成一套的专属个人的主观理解世界的方式，定下自己的虚构目的，克服他独有的自卑感。

用一个隐喻来形容，私人逻辑就是孩子在过去的经验中，所学习到如何看待事情的方式，就像是在眼睛前面戴上一副墨镜。而父母需要做的，是先去理解"对孩子而言，是怎么感知这个世界的？是戴上了什么样的墨镜去看这个世界的？"。举个例子：

有个总是捣蛋的孩子，可能一直牢记着一个画面：有一次，妹妹哭得好大声，妈妈却丢下我一个人，跑去照顾妹妹。而孩子就自己解读成：不管我怎么努力，妹妹就是比我可爱，妈妈就是会忽略我。但当这孩子出现调皮捣蛋的行为，被妈妈管教时，孩子就会解读成：只有我不乖，妈妈才会注意到我。因为对这个不安的孩子而言，这是唯一能够得到妈妈注意力的方式。

妈妈很有可能，并不是真的比较爱妹妹，但对这个孩子而言，在心中烙印下了这个画面，就深深地觉得自己不如妹妹可爱，甚至以为只有调皮捣蛋，或惹麻烦才能换得一点点妈妈的关注。而这是在孩子年纪小时，所创造出来的一份属于他独特的私人逻辑。

由此可知：越是没有足够自我价值与正向经验的孩子，就越会"创造"出某些问题行为。这些问题行为是用来克服自己的自卑感所产生出来的应对方式。

也因此，当父母看到孩子有一些令自己头疼的行为时，可以马上问自己：“孩子的这个问题行为，背后的需求与目的是什么呢？”

接下来的篇幅，也都会用同样的概念，协助父母们了解：孩子表面的问题行为背后，可能是怎么想、怎么感受的。因为当我们看见孩子问题行为背后的信念、价值观、过去经验时，才能够帮助父母在面对孩子的问题行为时对症下药。

心理师与孩子的暖心互动

而阿德勒的学说，带给我怎样的影响呢？

阿德勒“从自卑到超越”的理论，让我相信：人本身就有一个向上，也就是超越自己的动力，让我对孩子有一个基本的“信任感”，并且愿意给孩子多一点的空间。

而“觉得自己不够好”的自卑感，并不是一件坏事，反而会成为一个人进步的动力。

但是当一个孩子，他过去的经验不好，或是没有配备好克服困难的勇气与能力的时候，他就会有比较深的自卑情结。随之而来，就会给自己设立一个“错误或不恰当的虚构目的”，反而把自己困在一个负面的、对自己无益的循环中。

因此我如果要帮助一个孩子，我要做的，就不再是“改变孩子的问题行为”，而是耐心地先去理解孩子：

“孩子的问题行为，可以满足怎样的目的或需求？”

“孩子是带着什么私人逻辑或戴上什么墨镜，来理解这个世界、面对当前的困境的？”

而当我够理解孩子时，便会对孩子有更柔软的心。

先看清楚孩子卡在哪，再想办法帮孩子——如何让孩子可以用比较“有建设性的方式去满足他的目的”，以及“训练或配备好孩子面对困境的能力”。而这个部分，将在后面章节里说得更清楚。

父母反思小练习

俗话说得好："我们是有了孩子，才开始当父母的。"因此，在面对孩子的行为问题时，身为父母的我们也是要通过不断地练习及转换成孩子立场，才能寻找到问题点，从而对症下药。其中，把问题记录下来是很好的方式。这里针对"父母如何觉察孩子的痛点"做反思练习。

1. 孩子出现反常行为时，是用什么方式凸显他的自卑感呢？

（例如：一直用吵闹、生气、吸引注意力的方式，有时也会欺负弟弟。）

____

____

2. 你跟孩子谈过后，觉得孩子的痛点或自卑感是什么？

（例如：孩子常常会说爸爸妈妈比较爱弟弟，不爱他。）

____

____

3. 你觉得孩子背后的心情与需求是什么？

（例如：我好害怕妈妈只爱弟弟、不爱我，或是我想要爸爸关心我。）

____

____

4. 我如何帮助孩子？如何用更妥当的方式、满足孩子的需求、安抚孩子的痛点或自卑感呢？

（例如：我会告诉哥哥说："我知道你很怕妈妈爱弟弟不爱你，可是妈妈想让你知道，不管怎样，妈妈都还是很爱你。你愿意过来让妈妈抱一下吗？"）

____

____

05 辨识孩子常见的四种不良行为的背后目的

孩子只要跟父母分开一下就大哭大闹？老是爱顶嘴？不高兴的时候就动不动摔东西？会动手打人？对什么事情都提不起兴趣？考试不及格也无所谓？……这些都可能是孩子保护自己的“武器”。想要让孩子放下武器，不是硬性制止，而是先理解，辨识他们。

帮孩子放下他手上的武器

阿德勒不同于过去著名心理学家西格蒙德·弗洛依德（Sigmund Freud）所主张的“决定论”说法，反而提出“目的论”的论述（见下图）。所谓的目的论，指的就是，当一个人在从“觉得自己不够好”的自卑感，到“努力去让自己变得

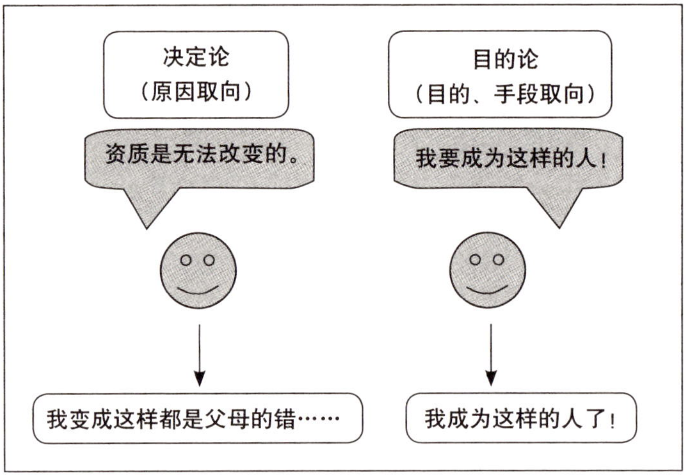

决定论与目的论的差异

更好”的优越感过程中，其实是目标导向的。所以各式各样看起来糟糕的行为，都是孩子来满足自己“主观”上的一些需求或是目标的方式。

与阿德勒密切合作研究家庭与儿童咨询的美国儿童心理学家鲁道夫·德瑞克斯（Rudolf Dreikurs），他曾指出儿童常见的四种不良行为的错误目的，分别为获得注意、权力斗争、寻求报复、表现无能。

而身为家长的我们需要做的，不是制止或改变表面上的行为，而是能够辨识出孩子的错误目标，协助他们用一个更正向、有效的方式，去满足目标与需求，进而改善行为。

假设孩子的不良行为是一种“武器”，而身为大人的我们必须去理解孩子拿着武器时，他想保护的是什么，想捍卫的需求是什么，然后帮助孩子放下他手上的武器。

儿童常见的四种不良行为的错误目的

以下简单介绍孩子会出现的四种不良行为背后所隐藏的错误目的。

1. 获得注意

为什么孩子那么重视被“关注”呢？夸张一点说，因为如果没有被关注，是活不下去的啊！为什么我会这么说呢？

孩子一出生是非常脆弱的，“哇哇大哭”是一个本能反应，虽然有时恼人，却也会吸引大人过去帮忙喂奶、帮忙照顾。一个不懂得获得注意的孩子，是无法好好活下去的。

也因此，很多孩子被父母忽略的时候，心中的恐惧是非常巨大的，他们会极尽所能地，即便是被父母讨厌，也要做出不合理的行为，以争取“父母是在意我的”的感受。以下便是孩子常见的四种想要获得父母注意的案例及反应：

仁骏常常在学校闯祸，父母需要跑到学校道歉。虽然常常挨父母骂，甚至被痛殴。但在被责打的同时，仁骏却好像闪过一丝快乐的表情。

国庭动不动就因为一件小事情而呼天抢地大哭，父母都很疑惑：“前一秒钟明明就好好地，而且分明就是一件小事，为什么他的反应总是那么大？”

燕妮原本是懂事的小女孩，但自从弟弟出生之后，突然开始变得任性了，偶尔还会尿床，让父母都叹气说："不知道燕妮到底怎么了！"

婕予一直都是被长辈赞誉有加的乖小孩：安静、聪明、总是班上的第一名。但不知怎么地，婕予在被夸奖时，常常闪过一丝忧虑的神色，并且一直看着父母，似乎害怕着万一有一天失去父母这样的喜爱与赞美。

这些孩子，或多或少，都用他们的方式去争取父母或大人的注意，感受到自己的价值感或重要性。

这会让孩子"不得不"做一个乖小孩或坏小孩，成为那个在父母眼中，能够一直被喜爱或担忧的孩子。

阿德勒曾在儿童咨询中心处理过一个很著名的案例：

一位母亲带着女儿来咨询，因为她的女儿不知道为什么，不肯吞下口中的食物。当所有人都问她为什么、要求她吞下去时，孩子也只是无动于衷。

而当阿德勒跟母亲面谈完之后，孩子被带了进来。

阿德勒跟孩子说："听妈妈说，你总是把食物含在嘴巴里头，大家都很伤脑筋呢！"

"你知道有一个更棒、更能引起大家注意的方法吗？就是把嘴巴的食物吐到桌子上，大家就会更伤脑筋、并且谈论你的事情哦！"阿德勒幽默地说。

女孩听到阿德勒这样说，就会心一笑。自此之后，女孩开始愿意把食物吞下去了。

因为女孩知道：阿德勒"懂"她想吸引注意力的目的，而当目的被辨识出来时，她也可以不再继续坚持用这种方式吸引注意力了。

2. 权力斗争

永政是典型的"刺猬男孩"，只要有人不顺他的意，让他感觉到有一点被否定，便会很激烈地反驳对方，常常一言不合，脏话就说出口，有时也会公开和老师顶嘴。在同学间，他是个有领袖魅力的风云人物，走在路上常常有很多小跟班在身边，但违法、暴力的行为层出不穷，是学校的头痛人物。

翰丰是个坚持度很高的孩子，同一件事情总是要重复地说好几次。要他洗澡、吃饭、看电视，如果他不想，就会死命地待在原地或者装傻，可能什么话都不说，眼神坚毅如石。有时候爸爸常常很生气："我是你爸，你那是什么眼神！"翰丰有时乍看之下没反应，有时突然会顶嘴："你们每次都这样！我恨你们！"说完，就冲回房间去，但愤怒的同时是泪眼汪汪的。而面对这样的翰丰，父母也只是充满困惑，并且就此罢手。

孩子若无法得到父母的关注，又长期在一个被批评、压制的环境下长大，他们将学会"权力斗争"，因为权力斗争可以让孩子获得主观感觉中的"地位"，得到安全感。

也有一种权力斗争，不是用顶嘴等方式正面起冲突，而是面对高压的父母，孩子会用一种"我知道你要我听你的话，我没有办法反抗你，所以最简单的方式，就是我不按照你的话去做，我就'赢了'！"

当孩子跟父母进行权力斗争时，许多父母会更强硬地打压孩子的需求、更剧烈地否定孩子、更严格地要求或规范，因为父母觉得孩子"不听话""必须要教孩子一些规矩"。但父母的反应，使孩子即便在当下顺从了，但是内心更会觉得自己没有价值、不被爱；即便在当时看起来平息了，但孩子会想办法用更激烈的方式，在下次反扑时，提高"坚持"的强度。

可是，哪有孩子不希望被爱、被疼惜、被当成是好小孩看待呢？在那个权力斗争的背后，其实是隐藏着一种"我得不到你的注意力跟爱，至少，我不能'输'。因为，我不能连我自己都失去了"的哀伤情绪。

3. 寻求报复

佳馨的父母从小对她就有很高的期待，在佳馨犯错的时候，父母总会大吼："不是跟你说过了，这种小错不要再犯，跟你讲过几百次了！"这让佳馨压力很大。事实上，资质不错的佳馨在求学路上过关斩将，已经拿到很好的成绩。但佳馨一直以来都觉得自己只是被用来满足父母虚荣心的工具，也常常在父母说"我是为了你好"时，有一种很矛盾的反感。有一天，佳馨像是个坏掉的时钟一般停摆了，成绩一落千丈，甚至开始逃课、做出许多违规行为。因为她知道，父母对她的失望，是她用来表达抗议、报复父母最佳的武器。

阿力在一个家暴的家庭长大，小时候，爸爸在喝醉酒之后，常常会醉醺醺地拿阿力出气，宣泄他在人生中的挫折。当时在一旁的妈妈曾经试着阻止，但最后也只能无力地哭泣。最后爸爸因为意外过世了，阿力觉得对爸爸的恨，突然之间不知道要往哪摆。进入青春期的他，常常在学校打架闹事，妈妈都需要放下手上的工作，来学校处理孩子的事。每次妈妈来学校，总是非常地痛苦。她最常对阿力说的是："你知道你这样，让我有多痛心吗？"阿力听了，知道自己又让妈妈失望，可是肚子里同时有一股莫名的痛苦与愤怒涌上，阿力好想对着妈妈大吼："你呢？你又对我做了什么？"

寻求报复型的孩子可能因为遭受一些身体、性、心理上的虐待或忽略，而感受到巨大的痛苦。我们可以想象，这样的孩子通过伤害别人、让别人感觉到痛苦，去让身边的人体会到"我究竟有多痛苦"；有时孩子也会通过报复，感觉到自己对其他人是有影响力的，借此体会到自己的重要性。

寻求报复的孩子，常常让我有一种抱着炸弹同归于尽的感觉。但那个同归于尽的心情，其实非常绝望，痛苦指数是非常高的。

4. 表现无能

安欣是个话不多的孩子，做什么事情都犹豫不决，事情交给她，也总是会搞砸。在人际上也常常退缩不前。久而久之，同学也觉得跟安欣说话自讨没趣，因此她朋友也越来越少。安欣有时也很想让自己振作起来，但每次当她越想要努力，她反而就把事情搞得越糟糕，让她越来越不敢尝试。

表现无能的孩子常见的行为包括：退缩、迷糊、总是令人担心，甚至害怕在最后关头发生一些紧急状况导致表现失利，而表现出"我做不到！"

因为表现出无能或放弃的最大好处就是"我可以不用去面对挑战与困难，更不用去面对那个什么都做不到的自己"。

矛盾的是，当孩子把"无能"当成是自己的盾牌时，看似可以避开那个做不到的自己。但实际上，孩子每次的放弃，都会让他在心里更深信自己"果然是做不到的"，反而更没有自信，做事也更不容易成功，孩子也会更紧抓着"表现无能"这个目的。

如何“辨识”孩子是哪一种错误目的？

其实同一种问题行为，可能有不同的错误目的，甚至有一种以上的错误目的。有时不是那么容易能够完全辨识清楚，引发孩子行为异常的最主要错误目的是什么。

举例来说：一个调皮捣蛋的孩子，究竟是为了吸引你的注意力？还是要跟你进行权力斗争？是为了让你感觉痛苦而寻求报复？还是因为在学习上感觉自己无能，才转由到其他渠道宣泄？

一个不上学的孩子，究竟是为了想留在家里被父母注意到？还是要抗议平常父母对他的严格管控，心中觉得“父母要我上学，我偏不上学，我就赢了”？或是故意要让体面的父母“丢脸”，借此报复？还是因为他觉得自己没有能力应付学校的挑战？

最好的判断方法，就是父母的“内心感觉”，以及当你制止孩子之后，孩子的反应是什么。

线索一：用内心感觉去判断

身为父母要先观察孩子的行为，并试着辨识出自己内在的感受，或许更能够理解及辨识出这个孩子到底属于哪种问题行为。

（1）寻求关注的孩子类型：寻求关注的孩子，对爱与关注的渴求像是难民，是个永远没有吃饱的孩子，会不断地跟你讨爱、讨关注。所以父母常常会有一种被掏空、厌烦的感觉。父母心中的会想：“我已经很累了！这样够了吗？”或是会因为自己没办法满足孩子的期待，而感觉到“内疚”。

（2）权力斗争的孩子类型：权力斗争的孩子，像是斗牛士一般，所以会让父母感觉到被威胁，常常有种被打败的感觉，或是在沟通过程中，很容易越来越生气，因为孩子跟你一样想要拿回主导权，导致自己陷入跟孩子‘争输赢’的错误循环中。因此孩子常常会有语言或行为上的挑衅行为，像是顶嘴或反抗，严重时还会动手摔东西等，父母心中的会想：“我是你爸或你妈，你那是什么态度！”从而责备回去。

（3）寻求报复的孩子类型：寻求报复的孩子，像是自杀炸弹客，想跟你同归于尽，因此他的行为表现具有积极破坏性，例如暴力、偷窃；或消极破坏性，例如勉强、被动等行为。所以父母常常感觉到很切心（即“失望”的意思）、失望透顶、难以置信，导致父母心里想的是：“我这么努力想要当一个好爸妈，你怎么能够这样对我？”

（4）表现无能的孩子类型：表现无能的孩子，像是大婴儿一样，永远觉得自己都做不好、永远都不会。所以父母常常会有种“挫折感”，好像怎么教、怎么做都帮不上忙，甚至演变成“无助”或“绝望感”。而这类型孩子的父母心里想的是：“我到底还可以怎么做，才能够帮到孩子？”

线索二：当父母制止孩子时，观察孩子的反应

接下来，就是回到跟孩子的互动中，尤其当身为父母的你制止孩子的不良行为时，孩子的反应是如何的？通过观察孩子的反应，更能够了解，孩子问题行为背后的错误目的是什么。

（1）寻求关注的孩子反应：孩子会在父母或大人关注他的时候，稍微停下来一会儿，但很快就又会重新开始原本的行为，或转而用其他方式引起你的关注。

（2）权力斗争的孩子反应：孩子会开始跟你顶撞或消极抵抗，各持己见，最后甚至会升级为你跟孩子的攻防战。

（3）寻求报复的孩子反应：孩子会用一些破坏性或伤害性的话语来反击，甚至升级为你和孩子之间互相报复的循环。

（4）表现无能的孩子反应：这类自暴自弃的孩子反应往往很消极，希望你放弃努力、别再打扰他，甚至会故意出糗或犯错，来掩饰自身的挫败感。

通过以上两个指标与线索，有助于我们判断，孩子的不良行为背后，实际上有着什么样的目的。

父母该怎么做呢？针对不同的错误目的对症下药

为什么要辨识出孩子是哪一种错误目的呢？因为当父母了解孩子问题行为背后的错误目的时，才能“对症下药”，所以，对四种错误目的的处理方式，截然不同。

1. 寻求关注的孩子——给予正向的关注

对于寻求关注的孩子，父母最重要的一件事情是“给予正向的关注”，力求让孩子可以体会到“即便我不用这种方式寻求关注，我还是能够相信爸妈是会关注我、爱我的”。

例如，面对一直在旁边调皮捣蛋，哭闹着要人陪，或者父母不在就很不安的孩子，身为大人的我们或家长可以这么说：“我知道你很怕妈妈离开，或是很想跟妈妈说话，妈妈听见了、知道了，会在这里陪你。”

至于力求表现优异，害怕让爸妈失望的孩子，父母可以这么说：“看到你表现好，我很替你开心。但不管你的表现如何，我都会为你感觉到骄傲。”

而孩子过度寻求关注，大多也跟孩子与父母亲建立的“依附关系”不够稳固有关。关于这部分在本书下一章节“从依附关系中，建立亲子间的安全感”中，有更详尽的介绍。

在孩子有需要的时候，正向地回应孩子的情感很重要。但更重要的是，在某些时候无法满足孩子时，父母可以试着有界线、温和而坚定地回应孩子。

例如，可以试着让孩子知道：“妈妈现在正在处理很重要的事情，正在跟阿姨讲电话，5 分钟之后，我就会去找你。可以吗？”通常好好地跟孩子说，孩子多半会同意的。

这么做的目的，是让孩子可以在这 5 分钟之内，练习跟“妈妈没办法‘马上’陪我”的失望感共处一下下，也就是让孩子练习“延迟满足”。而当 5 分钟结束之后，妈妈依约去找了孩子，孩子心中反而会有个安全感是：妈妈说“现在”没办法陪我，可是妈妈不会因此消失不见。

甚至可以让孩子在情绪比较和缓时，练习“直接表达需求”，而不是用哭闹的方式。例如，妈妈可以跟孩子说：“下次如果你想要妈妈陪你的话，你直接告诉我‘妈妈，我希望你可以陪我’，这样我就会知道了，好吗？”

这么一来，可以帮助孩子练习，并用比较和缓、理性的方式表达。而当孩子“好好说”的时候，父母也真的能够反应并满足孩子的需要。反复几次下来，孩子自然就不需要通过情绪化的方式获得关注。

2. 权力斗争的孩子——不要与孩子竖起战旗

面对权力斗争的孩子，父母最重要的一件事情是“不要跟孩子竖起战旗”。

我在学校工作，面对孩子最常讲的一句话是：“刚刚你们太吵闹了，其实我感觉很不舒服，也很生气。但是我不希望对你们发脾气，因为那对我们双方都不好。”我同时表达我的不舒服，但也示范，我如何不被情绪控制，不用老师的权力压制他们，让他们闭嘴。

另外，我也常常会在表达我的意见之后，在最后面跟孩子补充一句说：“这件事情，我的看法是这样。但因为是你的人生，我只能提供给你建议，最后，你决定怎么做，我会尊重你。”

我发现，当我不是站在孩子的对立角度时，孩子是感受得到的，因此便不需要摆出战斗的姿态跟我对抗。

而在这个过程中，我也会不断地提醒自己，要拿出“我的脆弱、我的柔软、我的感受”，尊重孩子也是个有感觉、有思考、有判断的独立个体，用这样的态度来跟孩子互动。

因为我相信，当我越尊重孩子，把权力与自主权还给孩子，孩子就不需要花力气跟我对抗。而且我也相信，要教孩子放下武器，就要让他知道，表现自己的脆弱与柔软，不是一件危险的事情。

3. 寻求报复的孩子——道歉并修复彼此关系

寻求报复的孩子，过去往往受了极大的伤，对人有极大的不信任。因此父母最重要的一件事情，是“修复关系”。

父母可以想想，在过去的经验里头，跟孩子是否有过很大的冲突、是否打过孩子、是否有重要亲人突然离去等，当孩子这些受伤的感觉没有被消化的时候，这些“伤”会不时地重复出现在父母跟孩子之间。

因此一开始面对寻求报复的孩子，身为父母的你可以跟孩子说：“当你做了这些事情的时候，其实我很难过，也很受伤，但我在想，你一定同样也不好受。”

当孩子感觉被了解了的时候，他便会慢慢地愿意吐露心声，而你就可以继续往核心了解：“你愿意让我知道，你经历了什么吗？是什么让你那么痛苦、那么放不下呢？”

最后，有些孩子会愿意说出他的感受，例如，他可能会说：“每次你都很坚持要我听你的话，你常常生气、对我很凶！”这时父母千万不要觉得孩子在攻击或否定自己，不要防备起来，反而要很开心，因为孩子愿意跟你吐露真心话。

当父母发现孩子的伤痛是自己造成的，或许可以针对那次伤痛，向孩子真挚地道歉，好好修复关系，例如，你可以说：“谢谢你告诉我这件事情，否则我不知道那次你有多受伤。当时我太想要教你一些事情。”或是“当你一个人面对困难的时候，我却离开你，没顾虑到你的心情，我很抱歉让你有这些很受伤的感觉。”

当孩子心中的伤放下了，痛被抚平了，也就不需要一直用“报复”的方式，告诉父母自己内心有多痛苦。

4. 表现无能的孩子——了解困难、提供协助、陪伴练习

而表现无能的孩子，其实内在的心智年龄是跟不上实际的身体年龄的，可能没有足够的信心或能力，去面对现实生活中的挑战。所以我们需要去了解孩子的困难、给予适当的协助、让孩子有练习与成长的机会。

举例来说，一位不愿意写作业的孩子，需要去了解他现在的学习程度，并且找资源，从最基础的部分开始教起。

一位不敢跟陌生人讲话的孩子，需要陪着他，先慢慢地从愿意跟熟悉的人说话开始，在尊重孩子步调的前提下，慢慢地让孩子有机会可以练习开口说话。

在这个“陪”的过程中，重点要细、要慢，要一方面接受孩子的害怕与挫折，一方面温柔而坚定地鼓励孩子去尝试，借此慢慢地培养孩子面对挑战的勇气、提升孩子的自我价值，这是协助表现无能孩子的最佳良药。

帮助孩子找到归属感及价值感

大家有没有发现，其实这四种孩子的不良行为的核心，在于缺乏被爱的“归属感”与被大家认同并感觉自己是好的“价值感”。孩子会有这些不良行为的表现，只是为了用来保护自己，避开自己自卑感的武器而已。

如果父母能够看见孩子不良行为背后的错误目的，基本上面对孩子的问题，就能够直捣黄龙、以智取胜。

父母反思小练习

同样一个表面行为，背后其实有很多不同的可能性，以及不同的错误目的，所以有时候用“脑袋”去判断孩子不良行为的错误目的，会因为一些先入为主的想法而容易失准。但别忘了，父母跟孩子其实是互相影响的，父母像是一个接收器，在与孩子互动的过程中，也是一个活生生的、有感觉的“人”。因此通过检视父母自身的感觉，即能了解孩子问题行为背后的错误目的，并针对不同错误目的对症下药。

1. 你跟你的孩子有不愉快时，常常出现的感受是什么？

____

____

2. 你认为你的孩子的不良行为，背后是什么错误目的呢？

____

____

3. 你觉得孩子需要什么回应或协助？你愿意做怎么样的调整？

____

____

4. 如果你常常跟孩子掉入同样的不良互动中，想想看，你跟你孩子之间发生了什么事？是怎么激发彼此，共同塑造出一个负面的互动循环，让你们双方都被困住的？

____

____

06　从依附关系中，建立亲子间的安全感

为什么我的孩子表现得如此焦虑、不安？为什么我的孩子人际关系不好呢？如果想让你的孩子在未来能够交到对他有益的朋友、理想的伴侣，最好的方式就是，现在好好地去经营你跟孩子的关系！

什么是“依附关系”

如果要用一个比喻来形容志宏，我大概会说志宏是个“幽灵”般的存在吧。刚开学的时候，同学们会开心地想交新朋友，但是当同学很热情地跟志宏打招呼的时候，志宏面无表情、头也不抬，最后同学自讨没趣，也渐渐不理他。

后来老师发现，志宏生在一个隔代教养的家庭，平时是爷爷、奶奶在照顾。爸妈离婚，平常妈妈会寄生活费回来，但一个礼拜顶多只有一天会抽空跟志宏见面。而爷爷、奶奶因为年事已高，除了准备三餐，也没有太多时间可以陪伴志宏。

在那个面无表情的志宏内心深处，常常觉得自己像是个没有灵魂的空壳一般，只是在这世界上苟活。

莉姗刚上初中一年级，个头比一般孩子还要小，每天上学，都需要跟妈妈在门口拉拉扯扯将近2个小时，进行一场折磨人的消耗战，总是让妈妈疲惫不堪。

前一天晚上，妈妈会跟莉姗讲好，明天要乖乖地去上学，莉姗也答应。可是每当越接近上学的时间，莉姗越是不安，越是哭哭啼啼。到校门口的时候，妈妈好言好语地说：“好了，妈妈要去上班喽！”这时莉姗“哇！”的一声大哭，一把鼻涕一把眼泪地说：“妈妈，不要走。”妈妈心中挫败地想着：“又来了！”但还是好声好气地安抚着莉姗。但安抚没用，莉姗哭到连呼吸都喘不过来。

2个小时过后，妈妈忍不住，还是跟学校请假一天，带着孩子回家。有时妈妈也觉得自己这样太宠小孩，但是一当想到孩子哭得声嘶力竭的样子，又觉得自己好残忍。

原来莉姗跟爸爸感情很好，但是几年前，爸爸因为生病过世，莉姗被吓傻了，小小的心灵里，有很多说不出来的感觉，而内心很害怕妈妈会不会有一天也离开了自己。

依附关系是亲子之间一种双向“爱的关系”，是婴儿对主要照顾者会产生的一种依恋情感，同时母亲也会对婴儿产生一种母爱的本能去照顾孩子。

亲子间的“弹力绳”

如果用一种视觉化的方式来比喻的话，当我们还是以胎儿的形态在妈妈肚子里的时候，是用脐带跟妈妈连接在一起的。当孩子脱离了妈妈的肚子，妈妈与孩子中间还是有一条隐形的“线”，像是脐带般地牵系着彼此。而这条线就是“依附关系”。

因为有了依附关系，让我们在还不会讲话的时候，就会有一种本能的反应，想要寻求妈妈的乳头，吸吮奶水以喂饱我们；而妈妈也会有一种本能的反应，想要照顾生下来的孩子。

而随着我们年纪越来越大，依附关系从具体的脐带，变成生理上的照顾，慢慢变成一种在情感上，像是“弹力绳”的关系。

观察一下，在公园里父母与孩子的互动。有许多孩子一到公园，会很开心“哇！”地往前冲，去探索这个公园及这个新鲜的世界。但到了一个时间点，孩子会回过头叫一下爸爸或妈妈，或是跑回父母身边撒娇，像是在确认爸爸、妈妈还在不在。而这时爸爸、妈妈就像是个“充电站”，孩子充满了电，又可以跑出去探索。

当孩子对爸爸、妈妈越有安全感，依附关系越好，这条弹力绳就越强韧。孩子可以在外“探索”的时间越长，而回到爸妈身边“充电”的速度也会很快。因为孩子相信爸妈不会轻易地消失。

如果把公园的比喻，拓展到孩子的成长历程，其实也是如此：当孩子在父母身上得到足够的爱跟安全感的时候，他就会更愿意去外面探索，例如在学校交朋友、上课、学习。因为孩子内心相信着，即便他在外面追求自己的人生，回到家里，爸妈永远在那里，不会消失。

现实的爸妈与内在的爸妈

这时可以发现一件事情：一个拥有安全且健康依附关系的孩子是有安全感的，他不需要爸妈一直在身边陪着自己，而是可以带着爸妈给自己的安全感去外面闯闯。因为在孩子心中，会觉得好像爸妈一直在身边陪伴着，而这就是所谓的“内在的爸妈”。

其实当我们还是小婴儿的时候，是非常需要爸妈在身边的。当爸妈在身边时，我们就会安心；当爸妈不在时，我们就会心慌、会大哭。因为对小婴儿而言，只有这个“现实的爸妈”在身边，才会有安全感。

渐渐地，开始有一些短暂的分离经验，例如爸妈去泡牛奶的时候，孩子会暂时看不到，这时虽然会心慌，但是通过爸妈的安抚：“爸爸或妈妈等一下就会回来喽！”孩子会慢慢地去安抚自己：“虽然爸妈现在不在，但他们等一下就会回来了。”同时，在心中会形塑出一种内在爸妈的形象。

但人是立体且丰富的，每个人在心中所认识的内在爸妈，跟现实爸妈绝对不会是一样的。孩子会根据过去跟爸妈相处的经验，在内在产生一些爸妈的形象，并且存放在心中。例如：爸爸是可靠的、妈妈是温柔的；爸爸是好玩的、妈妈是啰唆的。

慢慢地，孩子就可以不再需要现实爸妈一直在旁边，而是有一个内在爸妈在心中让自己依附。

但为什么要提出“现实的爸妈”与“内在的爸妈”的不同？

因为有的父母会认为：“我陪了孩子这么长时间，为什么他还是觉得很没有安全感呢？”这是在建立孩子跟父母的依附关系过程中，重点不只在于“父母做了什么”，而是“孩子怎么知觉你做的事情”“孩子有没有通过这个过程把爸妈放在心里”。

亲子的依附关系有哪些

依附关系的相关理论研究非常多，现代的心理学家也发展出更多精致的理论，但最开始的经典实验，是一位美国心理学家玛莉•安斯沃斯（Mary Ainsworth）所做一个“陌生情境实验（Strange Situation Test）”。

他们将 2~18 个月大的婴儿与他们的妈妈做实验。

（1）原本母子同处一个房间。

（2）一开始先请母亲离开，留婴儿在房间里。

（3）陌生人进到房间里，独留婴儿跟陌生人在房间里（观察重点一）。

（4）陌生人离开，母亲回来，让婴儿与母亲重新相聚（观察重点二）。

并在过程中观察婴儿的反应，然后依据婴儿的反应，分出四种不同的类型：分别为：安全依附型（Secure Attachment Style）、不安全依附型（Insecure Attachment Style）的“回避型（Avoidant Attachment Style）”“焦虑／抗拒／矛盾型（Resistant Attachment Style）”“迷失／混乱型（Disorganised / Disoriented Attachment Style）”。

1. 安全依附型

安全依附型的婴儿，当母亲离开时，可能会难过沮丧，因为比起陌生人，他们更希望母亲可以待在自己身边。重点是，当母亲重新回来的时候，婴儿会停止哭泣，并且很快地感觉到安心，并恢复跟母亲的连接。有大约 60%来自北美中产阶级家庭的婴儿有如此表现。

2. 不安全依附型的“回避型”

回避型的婴儿反应，是当母亲在场时，好像无视母亲。即使母亲离开也不会哭，或产生明显失望的表情，他们与陌生人的互动甚至和他们的母亲一样多。重点是，母亲重新回来时，婴儿也不会特别去寻求母亲支持，甚至会逃避。有 15%来自北美中产阶级家庭的婴儿有如此表现。

3. 不安全依附型的“焦虑型”

焦虑／抗拒／矛盾型的婴儿，则在母亲离开时，会非常焦虑，对陌生人也会害怕，对环境也很少探索。重点是当母亲回来时，会尖叫踢打且非常难以被安抚。

有 10%的北美中产阶级家庭婴儿有如此表现。

4. 不安全依附型“混乱型”

出现迷失／混乱型反应的婴儿，通常没有特定的反应模式，但大多数会对母亲的离开又重新回来感到困惑，脸上常有发愣、困惑的表情。有 15%的北美中产阶级家庭的婴儿有如此表现。而这个类型是由玛莉•安斯沃斯的同事玛丽•缅(Mary Main）所提出来的。

为什么不同的婴儿，会发展出这四种不同的类型呢？其中一个因素，是下一个章节会提到的“孩子天生气质”，另外一个因素，则跟父母的教养方式有关。因此，接下来会提到如何养出一个有“安全依附感”的孩子。

依附关系的重要性

依附关系为什么那么重要？有两个重点：一是在成长过程中，若缺乏稳定的依附关系，孩子在情感上容易变得冷漠且无法与人建立关系。其二，早期依附关系会大大影响成年后的情感关系。

缺乏依附关系，孩子会“死掉”

这是有科学依据的，1930~1940 年，有研究者发现一个现象：美国医院有许多孤儿集体死亡。这些孤儿虽然有生理上的照料，但是因为他们缺乏身体的碰触与情感交流，所以死亡率非常高。而存活下来的那些孩童，虽然身体健康，却在情感上变得冷漠、无情且无法与人建立关系。

1937 年，美国心理学家大卫·李维（David Levy）在《美国精神医学》期刊的一篇文章中提出他的观察，将这种现象称之为“情感的饥饿”。

而英国发展心理学家约翰·鲍比（John Bowlby）在 20 世纪 50 年代提出依附关系理论时，认为依附关系是演化上留存下来的产物：小孩子一出生就会去依赖身边的重要他人（通常是妈妈），借此得到照料，并保护自己免于受到外在的威胁。而玛莉·安斯沃斯的实验便是依据此理论而来的。

所以我常说，为什么父母对孩子而言如此重要？为什么当父母跟孩子说：“我不要理你了”“你不乖，你不是我们家的孩子”这些话时，孩子会呼天抢地地哭喊着？

因为对孩子而言，父母不理自己，是真的会死掉的。所以为了活下来，孩子当然要使尽浑身解数地求救。即便当孩子年纪渐长，这种“父母对我们来说好强大、好重要”的感觉，也会深深地刻印在心中。

早期依附关系，会影响成年后情感关系

约翰·鲍比将依附关系这个系统称为“内在运作模式”，指的是我们会在和他人的互动过程中学习，渐渐地形成对自我和对他人的理解，并作为未来和外界环境或其他人互动时的参考。

之后，美国丹佛大学的辛蒂·哈珊（Cindy Hazan）与飞利浦·薛佛（Phillip Shaver）两位心理学家，更具体地将依附理论拓展到了成人的世界当中，发展出“成人依附理论”。他们认为，大人世界中我们和他人互动的方式，就是婴幼儿时期和父母互动关系的延伸。如果成人依附关系套用在恋爱关系之上，就是现在许多爱情理论中提到的四种依附风格：安全依附、焦虑依附、逃避依附、矛盾依附。

成人依附的内容在这边不再多提，但简而言之，如果孩子早年跟父母的情感经验、依附关系是正向的，会让他们对人比较有信任感，在未来跟朋友相处，与伴侣交往的时候，就比较能有安全感，认为自己是个值得被爱的人，也比较容易发展出健康正向的亲密关系。反之亦然。

因此，我常强调：“如果父母要让你的孩子，未来能够交到对他有益的朋友、理想的伴侣，最好的方式就是，好好地去经营你跟孩子的关系！”

如何养出一个有“安全依附感”的孩子

所以可以知道：当孩子在早年经验里，如果跟父母可以发展出安全的依附关系，对孩子未来的自信心、在学校的适应度、是否可以跟未来的伴侣发展出良好的关系，都会有非常正面的影响。

但我们要怎么发展安全的依附关系呢?

父母对孩子建立依附关系，最重要的三个因素是：可得到的、敏感的、支持的。也就是当孩子有需要的时候，能够在身边、给回应（可得到的）；能够知道孩子真正需要的是什么（敏感的）；能够让孩子感觉到正向回应、感觉被支持（支持的）。

简单来说，要建立依附关系，最大的施力点就是要“知道孩子真正的需要，并且‘给’在孩子的需要上”。

在孩子一岁之前，绝大多数的哭泣都是跟基本的生理需求有关，因此父母可以尽可能地满足孩子的需要。而当年纪越来越大，会有越来越多生理需求之外的心理需求。孩子同时在“独立”与“亲密”之间取得平衡，父母也要在“照顾”与“放手”之间谨慎拿捏，而这就是为人父母的智慧了。

满足孩子生理需求，但不能当成“赌气”工具

在孩子肚子饿的时候，可以准备三餐照顾孩子；当孩子睡觉的时候，可以给孩子一个安静、安全的环境；当孩子尿布湿了，可以换上干净舒爽的尿布。

这也是为什么电视广告上，外出的游子回到家里，吃到老妈妈煮的一碗简单汤面，会眼眶泛泪。因为这让孩子感觉到一种很安心、被珍惜的感受。

不要以为照顾基本的生理需求是很简单的，在一些虐童的案例里，或是当父母在跟孩子赌气时，其实是会忽略到孩子的生理需求的。

我遇过很多当事人的“童年创伤”，是发生在父母在赌气之下，被“不准孩子吃饭”“不准进家门”等拒绝指令所深深伤害，或留下刻骨铭心的痛苦记忆，而这些都有可能造成“依附创伤”。

所谓的依附创伤，就是这个给你伤害的人，其实是本来应该是要提供你安全依附关系的对象。而依附创伤有可能会让孩子在未来面对重要的亲密关系时，内心会产生矛盾感：既想亲近，但又害怕受伤。

通过“孩子，我懂你的心”的情感联结，满足心理需求

而心理需求更复杂了。回想看看，你在什么时候，会感觉跟一个人很靠近、很亲密、很安全？大多是当你能够被倾听、被了解、被懂的时候，孩子也是如此。

孩子与生俱来，也会有一些心理需求。最简单的就是，当孩子一出生，就会渴求妈妈的怀抱，而当妈妈回应孩子的时候，那种肢体接触，就是一种很重要的安全感来源。

在学龄前，孩子慢慢地有“被回应”的需求。例如孩子伸手要拿积木的时候，妈妈回应：“宝宝，你想玩积木，是吗？”甚至跟孩子一起玩，这时妈妈就像是镜子一般，映照出孩子的样子。

尤其上了小学之后，孩子语言能力渐渐建构起来，开始有“被听懂”的需求。这时候如果亲子关系不错，孩子回家会自动跟爸妈分享学校很多大小事，这时父母亲如果能用孩子的眼光去回应：“所以今天你遇到一个新老师，觉得很新鲜”“今天你跟某某吵架了，你很生气，是吗？”孩子就能够觉得你是懂他的。

而这些情感的联结、贴近孩子的回应，都是增进依附关系很重要的元素。

给的爱，真的是孩子需要？还是父母焦虑？

而且我觉得在“给爱”的这件事情上，最重要的一件事情是你给的爱是不是真的贴近孩子心灵层面的需要呢？如果说爱是一份礼物，那孩子是否喜欢你这份礼物呢？

举个例子：如果有一天你收到一份礼物，是一个非常精美的花瓶，虽然价值不菲，但是你没有插花的习惯，放在家里占位置，摆出来又很怕会打破，你会不会觉得困扰？甚至是，如果你朋友送你一条大蟒蛇给你当礼物，送你的人说“养蛇可以招财哟！”但其实你非常怕蛇，但你又知道那是对方一片好心，所以不好意思拒绝对方。当你真的狠下心婉拒对方，对方又会说：“你不喜欢我送你的大蟒蛇，我好难过……”，这会不会让你觉得很有罪恶感？

虽然上面的比喻有一点夸张，但有些父母是用这样的方式对待孩子的，当孩子感觉不舒服或拒绝时，父母反而感觉：“我对你这么好，为什么你都不领情？”

我见过很多父母，每个父母坚持的价值观与信念往往非常不同：有的父母认为读书可以出人头地；有的父母认为书读不好没关系，但做人做事绝对不能麻烦别人；有的父母认为以和为贵，绝对不可以没礼貌。

父母的价值观大多是很有道理的，但很多父母会直接把这些价值观套用在孩子身上，甚至强加在孩子身上时，父母的好意也会变成一种压力，礼物也会变成一种鞭子。

所以最好的方式是，在年纪小的时候，父母可以尽可能地照顾孩子生理与心理的需要，尤其是在 3 岁以前。当孩子年纪大了，父母可以多问：“你需要爸或妈帮忙吗？”或是“我可以怎么帮忙你？”

让孩子练习直接把他的需要告诉你，父母便可以跟孩子站在同一阵线去面对困难。注意！重点在于“共同面对”，而不见得是“解决”。因为人生中许多困难是无法一起解决的，但当你愿意跟孩子一起面对的时候，亲子之间的依附关系，自然就会好。

建立是双向且良好的依附关系

前面谈了很多父母要怎么“给”孩子关爱及回应需求，可是依附关系是“双向”的。所以，如果放掉发展心理学的“理论”，放掉那些“应该怎么做”的框架，培养亲子之间拥有安全依附关系的最容易的判断方法，就是很直觉地思考“有什么事情，是我跟孩子都会觉得开心、满足的？”

例如：当你抱着孩子的时候，闻着孩子身上的味道，心中会有一种油然而生的安心与满足感。

例如：当你跟孩子一起在公园玩的时候，看见他笑得很开心地到处玩耍，那种天真自然的感觉，会觉得孩子好可爱。

例如：当孩子很难过时，你陪着他，看着他慢慢地快乐起来，也会有一种成就感。

而这种“对双方都是加分”的活动，往往就是能够增加依附关系的行为。

我必须强调依附关系是“双向”的原因，有时父母开始想要改善亲子关系并费力地做一些调整时，其实很容易有“挫败感”，觉得“我调整了这么多，孩子好像也不见得有看见我的努力”。

但很多时候，孩子其实能感受到爸妈的改变，但是因为前面负面的经验太多，因此孩子会“再观察一下这个新的爸妈”，甚至“持续用旧的负向行为测试爸妈”，这时候爸妈千万别被吓退，又回到原本的样子。因此，此时我特别想请父母观察“当自己做一些调整时（例如，减少唠叨，或是开始去肯定孩子的努力时），孩子的表情以及反应是什么？”甚至可以直接问孩子：“你喜欢我这样的改变吗？”

如果原本父母跟孩子有很多冲突，很容易一言不合，或是孩子常常封闭自己时，当父母开始做一些调整，开始多关心孩子后，会发现，孩子会减少跟你的冲突；会渐渐地愿意跟你待在同一个空间里；或是表情与肢体会稍微放松一点；甚至一边耍赖闹脾气，表情却是很开心的。而这些小细节是需要父母睁大眼睛去观察的。

当父母通过孩子的表情与反应，感受到孩子其实是喜欢自己的调整时，父母也会更有信心地继续往这个方向调整下去。

心理师与孩子的暖心互动

有的父母会担心“孩子明明就有做错的地方，我没有去纠正他，还去对他那么好，那他以后出了社会，不就很容易碰壁？甚至变成危害社会的人？”所以父母会急着管教，而跳过了前面的情感联结、培养依附关系的这个阶段。

在阿德勒正向教养里有一句名言叫作“Connection before Correction”，翻译成中文就是“在纠正孩子之前，要先跟孩子保持联结”，或是我自己用更本土化的翻译，我们老祖宗有一句俗谚是：“有关系，就没关系”，其实都是一样的道理。

你有没有一种经验：同样一句话，不同人讲，就有不同的效果？

如果是讨厌的人，就算他讲的内容是对的，但你也会很想捂起耳朵，逃离现场。

如果是好姐妹或好兄弟跟你说，就算开你玩笑、揶揄你：“你真的白痴哎！”你都觉得他是站在你这边的。

在我们做心理咨询的过程中也是如此，常常有人跟我说：“这些道理我平常就跟他讲过，不知道为什么心理师你跟他说，他就特别容易听得进去。”

其实并不是我们讲话特别厉害，而是我们讲话会“挑对时机”。有些话我知道我们“关系还不够”，就算说了，他也听不进去；反过来，如果信任感够了，即使心理师讲得比较直接或有些不客气的话，来咨询的人也会感觉心理师是在帮助自己的。

回到跟孩子的相处上，其实依附关系平时需要花时间去好好经营，能够让孩子感觉到，父母是愿意听孩子分享他的开心与困境的，能够在他有需要的时候，适时提供帮助，孩子才会觉得“你是站在我这边的”。

所以当父母要拿出比较严格的语气纠正孩子不对的地方时，孩子也比较愿意接受。甚至父母直接跟孩子说：“你知道吗？妈妈不喜欢你乱打人，因为那也会让我很受伤。但妈妈还是爱你的。”这时孩子心中也会产生信任感，认为：“虽然我的行为被纠正了，但我还是一个很棒、值得被爱的孩子。”而父母的管教，才会变得更加容易。

父母反思小练习

你平时就跟孩子建立好依附关系了吗？你是否会急着管教，而跳过了前面的情感联结、培养依附关系的这个阶段？其实，教养不能急，必须一步一步来，才不会破坏了亲子之间的情感。以下有 4 个练习题，帮助身为父母的你，开始回想平时是如何跟孩子建立安全而美好的依附关系的。

1. 上一次你跟孩子相处很愉快是什么时候？

____

____

2. 你平时最“给爱”的方式是什么？例如，煮东西、陪孩子玩……而孩子可以感受到吗？

____

____

3. 孩子最能“感受到爱”的方式又是什么？例如，拥抱、陪他玩球、讲睡前故事？

____

____

4. 邀请孩子做一件你们双方都觉得很愉悦、很满足的事情。

（可以做之前做过的开心事，或是可以询问并参考孩子的意见）

____

____

07　摸清孩子的天生气质，找对方法带孩子

孩子很难带？说不定是你没有发现孩子的“天生气质”。只要搞清楚孩子不同的天生气质进而因材施教，找到适当的方法对待孩子，相信“磨人精”也会变成小甜心。

何谓“天生气质”

小玲跟小萍是姐妹，虽然两人只相差一岁，长相也很相似，但两个人的个性却截然不同。

小玲从一出生，体型就特别壮硕，连医生都说，小玲的哭声比其他婴儿都要响亮。小玲的情绪起伏像龙卷风一样，一件小事情不开心，马上“哇！”的一声就大哭起来。但是一旦满足了，脸上满足的笑容，却也让人的心马上融化。对于小玲想要做的事情，总是即知即行，甚至到有点莽撞的程度；但小玲对于搞砸了什么事情，好像也不是太在意，好像每天都是新的一天。小玲这种敢爱敢恨的性格，让人感觉像是个现代版的侠女。

而小萍则跟她的姐姐大不相同，小萍大多数的时间看起来总是安安静静的，如果不特别注意，有时会忘记她就站在旁边。小萍个性不像姐姐一样冒失，从很小的时候，就可以独自画画、拼拼图，度过一整个下午。有时候问小萍在想什么，她总会想很久才挤出一点点的回应，但是仔细看着那双圆滚滚的眼睛，骨碌骨碌地转着，像湖里的星星闪亮着，仿佛藏了很多心思。

小玲跟小萍的差异，让爸妈常常摸不着头绪地想：这两个孩子，不都是在我们家长大的吗？怎么会相差那么多？

关于小玲与小萍的差异，在心理学上，称之为孩子的“天生气质”。而这里所说的“气质”，并不是指要像公主般优雅的那种气质，而是一个人先天的人格特质，包含内向、外向、勇敢、坚持等。

由美国成人精神医生亚历山大·汤姆斯（Alexander Thomas）和儿童心智医生斯特拉·切斯（Stella Chess）所提出的“气质理论”，将婴幼儿特性分为下列九大气质表现：活动量、规律性、注意力分散度、趋避性、坚持性、反应阀、适应性、反应强度、情绪本质。

1. 活动量

这里是指孩子在全天活动中，所表现的动作节奏的快慢与活动频率的多寡。

一般来说，活动量太大的孩子，像个精力过剩的小猴子、停不下来的陀螺，如果没有适当的引导，很容易出乱子或干扰到别人。而这样的孩子需要让他花时间去培养稳定且安全的运动习惯，以宣泄孩子的精力。

另外，也有像我一样，活动量比较低的孩子，从小白净瘦弱，也体弱多病，甚至三不五时就要跑医院打点滴，这是因为天生活动量低，再加上后天又没有让我活动的机会所导致。

2. 规律性

这是指孩子的生理机能、睡眠、清醒时间、饥饿与食量的规律性。

我曾听说有一位妈妈，可能是抽到了老天爷的好签。一般新生儿总需要半年或一年的时间，才能够慢慢地将作息稳定下来，但这位妈妈的孩子，完全就是好吃、好睡、好生养。不但进食量稳定，不会过多或过少，睡觉也睡得安稳、很少醒来，才两个月大，几乎就可以一觉到天亮，让很多曾为人父人母的爸妈们都非常羡慕。

3. 注意力分散度

这是指孩子是否容易受到外界刺激的干扰，而改变他正在进行的活动。

注意力不容易被分散的孩子，是比较能够适应现在“唯有读书高”的教育大环境。像我自己本身就是属于比较能专心的孩子，所以从小开始，只要专心做一件事情，很容易会忘记周遭环境的人、事、物，甚至有人走到我面前，我都还没发现；反之，注意力容易分散的孩子，则会比较难适应现在的教育环境。

但我特别强调，注意力比较容易分散的孩子，不是不好，而是不适应现代社会的环境， 也就是被放错了地方。但找到他们专长，放对地方，也会有好成就。

有的心理研究机构就称“儿童注意缺陷多动症（Attention Deficit Hyperactivity Disorder，ADHD）”的孩子为“猎人”，因为把他们放到大自然里去打猎，凭着短期且高度敏锐的专注力，能随时注意到猎物或者狩猎者是否在附近，任何风吹草动都逃不过孩子的猎人之眼，因此孩子的不专注反而有利于在大自然的生存。拿了22面奥运金牌的游泳名将“飞鱼”菲尔普斯也是有多动症的孩子，他选择把过多的精力运用在体育竞赛上，取得了亮眼的成绩。

顺带一提，很多父母常问“要怎么训练孩子专心一点？”有个重要的观念是，孩子的专心不是“训练”出来的，而是“维护”出来的。

当孩子很入神地在玩玩具时，就是一种专心的练习。但很多父母则会打断孩子说：“不要再玩玩具了，赶快去写作业。”虽然是个合理的提醒，却也中止了孩子练习“专心做一件事情”的绝佳机会。

这也是为什么现代的孩子总是无法专心，甚至被诊断有多动症的原因。另外，现在的电子产品太过泛滥，过度的声光刺激反而让孩子无法练习“专心”在书本等这类相对无聊的事情上。

我也常常在观光景点看到很多意犹未尽的孩子被很急的父母催赶着。例如，在动物园，孩子明明还想看某个动物，父母赶进度般地跟孩子说：“好了、好了，狮子已经看得够久了，你不是还要看长颈鹿吗？”

因此，我会建议父母，如果孩子要看，父母就在旁边等待着，做自己的事、聊天，也欣赏一下路边风景，当孩子欣赏够了，自然会说：“我要去下一个地方”。即便动物园没看完那又如何？不打断孩子专心看狮子的那段时间，正是维护孩子训练“专心”这件事的最佳课程。

我曾给比较容易分心的孩子的家长一个建议，在孩子做作业的时候，避免开电视、讲话，保留一个不被打扰的小地方，减少外在环境的干扰与刺激，对孩子的专心训练会很有帮助。

4. 趋避性

这指孩子初次接触人、食物、情况或场所等新刺激时，所表现出接受或是退缩的态度。

比较愿意接受新刺激的孩子，可能会像个好奇宝宝似的，整个世界就像是个大乐园。如果父母能欣赏孩子这样的特质，并持续培养，其实能成为一个观察力与创造力十足的小小科学家或艺术家。

反过来说，如果比较偏向退缩的孩子，例如，不太愿意尝试没吃过的食物，或不愿意接触新环境或认识新朋友，父母则需要花更多的时间帮助孩子建立安全感。

像我就是个比较容易退缩的孩子，印象很深刻是第一次去游泳池，当我全身上下只穿着一条泳裤，躲在妈妈后面，却被爸爸硬推出去说："这有什么好怕的？快去玩啊！"当下我压力非常大，且有种羞愧的感觉。因为我还没准备好面对那么多新的刺激：陌生的环境、没穿衣服的感觉、对水的恐惧等。如果当时有个大人能在我身边温柔地说："没关系，慢慢来。你想尝试的时候再去试试看就好，我会在这里陪你。"我想我会放心许多。

5. 坚持性

指孩子正在或想要做某些事情时，若遭遇困难、障碍或挫折，仍继续维持原活动的倾向。

坚持度低的孩子，一遇到困难很容易就放弃，如积木拼到一半，不知道怎么继续拼下去，就把玩具丢在一边、放弃玩下去。因此常常会让父母有种"怎么总是半途而废"的感觉。但这样的孩子，若换个方向思考，如果不是因为挫败而放弃，其实有时候"能收能放"的弹性度，反而可以让他过得挺自在的。

至于坚持度高的孩子，正向思考是有恒心及毅力，但反面思考就是我们俗称的"固执"。尤其是父母如果也跟着孩子陷入固执，说："现在就把玩具收起来，马上去洗澡，没有第二句话！"亲子关系有时候就会像两块木板，硬碰硬之下，就会咔擦一声折断，结果造成两败俱伤。

而这也是在面对有自闭症倾向特质的孩子时，很多父母最辛苦的地方。但若运用得当，并在经历大量的痛苦与失败时，仍旧“不轻言放弃”，或许自闭症倾向的孩子也能够成为科学家、运动员等出色的人才。

6. 反应阀

是指引起孩子反应所需要的刺激量，包括视、听、味、嗅、触及社会觉察（即察言观色的能力）。

反应阀低的孩子，用白话来说，就是比较“敏感”，对于一些小事，常常会比其他孩子更容易有反应。

例如，我外甥也算是高敏感型的孩子，所以我姐姐把衣服买回来，第一件事情就是把后领的标签剪下，否则标签边边的缝线，常常会刺得孩子一整天都很不舒服，甚至连带情绪也会变得很糟糕。

其实大人也是，许多人常常会因为晴天、雨天的天气变化，或是在公交车上太过拥挤，就影响一整天的心情。如果无法接受这就是孩子或自己的特质，不仅不能保护自己，帮自己的心情做调整，反而还需要压抑自己不舒服的感受，就会变得格外辛苦。

有一本书叫做《孩子，你的敏感我都懂》，就是在说明“高敏感型孩子”的特质，以及如何与这样的孩子相处。如果引导得当，也能够成为出色的艺术家、创作者或同理心高的关怀者。

反过来说，反应阀太高的人，大概是一般人说的“神经大条”，比较不容易对一件事情有感觉、反应。所以父母就要花时间多培养孩子察言观色的能力，时时提醒孩子：“你看，爸爸的表情是不是有点累呢？”

7. 适应性

是指孩子适应新的人、事情、情况或场所难易的程度。

一般适应度低的孩子建立新的习惯、适应新的环境及团体生活都较困难。例如，上学的第一天，会有很多不适应的情绪，让孩子比较难融入群体。因此父母要多花一些心力，帮助孩子营造面对新环境的正向经验，并对孩子多一些耐性。

8. 反应强度

是指孩子对于内在或外在刺激所产生的反应的激烈程度。

反应强度大的孩子，在高兴时会大叫大跳，生气或难过时会大哭大闹，常让父母受不了。这时候父母需要做的功课是“画出情绪界线”，知道孩子有很大的情绪反应，但也不要被孩子的情绪带着走或影响，要知道：那只是孩子表达的方式，并耐心地去倾听孩子情绪背后的需求即可。

如果父母能够让孩子感觉到自己的情绪或需求也被父母理解与接纳，再加上适当的引导，久而久之，孩子也比较能做出合宜的表达。

像我就是个反应强度小的孩子，很多时候，我常常觉得我内心已经波涛汹涌，但我表现出来的或许只是轻轻地皱眉，如果对方比较不经心，可能会以为只是小事一件。因此我也常常觉得自己的需求与意见，被其他人忽略。但事实上很有可能是我的反应强度太小，让大家不知道其实我很在意这件事情。而面对像我这样反应强度小的孩子，应该鼓励孩子多表达自己的感受，避免他一个人独自承受过多的压力，甚至用错误的方法解决问题。

9. 情绪本质

孩子在一天清醒的时刻中，所表现的快乐、友善、和乐等正向情绪和不快乐、害怕等负面情绪的比例。

笑嘻嘻的孩子比较容易讨人喜爱，也是我们俗称的“乐天派”。也有些孩子的情绪基调常常是比较灰暗的，所以像我就常被很多人说：“不笑的时候看起来脸很臭，心情很不好。”

而父母在面对情绪本质比较负向的孩子，有两件重要的事情：第一，可以帮孩子多创造一些正向的情绪经验；第二，更要提醒自己接纳与理解孩子的负向情绪。当负向情绪被接纳时，孩子能学习到如何照顾自己的情绪。

了解孩子“天生气质”，把力气花在对的地方

为什么要花这么多的心力，去谈孩子的天生气质呢？有两个重点：第一想提醒父母：带孩子很辛苦，有时不是父母的问题，而是孩子天生气质的关系。第二因为知道孩子的“不同”，所以父母更需要因材施教。

父母不自责，有助引导孩子成长

上面提到那个 2 个月大就可以睡得香甜的孩子，如果父母看到别人家的孩子竟然那么“好养”，有的父母会回过头怀疑自己：“是不是我哪里做错了，让我的孩子到现在还是每天都睡不好？”

又或者是反应强度比较大、反应阀低、持续度又很高，简称“磨人精型”的孩子，常常会因为一点小事就在公众场合不受控地大吼大叫，甚至一哭闹就半小时以上，这时父母固然头痛，但如果再加上自责所以想着：“天呀，这真是太丢脸了。”反而容易对孩子做出更强力的斥责，有时会让事情适得其反。

若能够知道：“孩子的确是比较敏感一点，我只要耐着性子引导孩子，甚至跟其他人说明解释，一切都能迎刃而解的。”事情也会慢慢好转的。

知道孩子的“不同”，父母才能“因材施教”

很多父母看到这里，心里说不定会想：“天呀，孩子好不好带，岂不是要烧香拜拜看运气？”的确，孩子的天生气质不是我们能够决定的，但是如果能够适当引导，劣势也能够变成优点。

例如，敏感的孩子，很容易被环境刺激，引发不舒服，因此应该适当减少环境刺激，让孩子循序渐进地适应新环境，时常预先告知：“一会儿我们会到一个外婆家哦！会有很多人跟你打招呼，如果你觉得很紧张的话，跟妈妈说，妈妈会陪你。”通过这样的方式，多帮孩子建立安全感。这样孩子一开始虽然辛苦，但长大却也能够因为他的敏感，变成一个非常体贴父母的孩子，或者在他的专长领域上大放异彩的人。

所以请父母亲转个念，危机就是转机。如果你遇到了一个很难带的孩子，通常他对于外在世界的刺激，反应与敏感度都会比较大，因此我常跟父母说，说不定你正在培养一个会大放异彩的明日之星。

只要去读那些伟人传记的书，会发现伟人们也都是在求学时期，最令父母与老师头痛的“麻烦”。当你试着顺应着孩子不同的天生气质而因材施教，找到适当的方法对待孩子时，“磨人精”也会变成“小甜心”。

08 如何培养孩子的勇气，提升自我价值

你觉得你的孩子缺乏自信、无法肯定自己吗？要如何培养孩子的自信心，以及面对未来挫折的勇气呢？我归纳出下面四个方向：与孩子建立合作关系、用正确的方式鼓励、贴近事实的平实反馈、让孩子从“外在肯定”转为“自我肯定”。

“四大方向”，培养孩子拥有承担挫折的勇气及自信心

我从事心理咨询工作这几年来，发觉人一生中所追求的，不外乎是两件事情：“归属感”“价值感”。

而我认为，自我价值是一个人的根本，因为人生不可能没有困境，而拥有自我价值感的孩子，才拥有承担挫折的资本，拥有面对困境与挑战的勇气与基石。

阿德勒心理学认为，问题最大的孩子，往往是最受挫的孩子。孩子会用一些令我们匪夷所思、摸不着头绪的方式来面对问题，保护与维持自己的优越感，往往是因为他没有面对挫败的勇气。

如果要让孩子以正向、积极的发展模式来克服自卑感，而不是采用问题行为，最重要的方法就是提升孩子的自信。用阿德勒心理学的语言来说，就是要培养孩子的“勇气”。

但是要如何培养孩子的勇气呢？我归纳出下面四个方向：与孩子建立“合作”关系、用正确的方式鼓励、贴近事实的平实反馈、让孩子从“外在肯定”转为“自我肯定”。

方向一：与孩子建立“合作”关系

培养勇气的先决条件，是必须要先跟孩子建立起合作关系。

合作关系是什么意思？孩子从一出生，就必须学习与母亲建立起合作关系：孩子需要通过他的嘴巴、手，来寻找妈妈乳头的位置，孩子也需要施适当的力，才能够喝到奶水。

我记得有一次，3 岁的外甥说他要“按电梯的按钮”，但是他身高不够，所以要我帮忙。那时候我就抱起他的身体，让他按下那个按钮。当我们完成这项任务的时候，我们双方都很开心。

而这就是一种合作关系。

再长大一点，父母会需要开始跟孩子对话、规范孩子、跟孩子连结、让孩子感觉到妈妈的关注与理解，而这种一来一往的对话都可以算是一种合作关系。

简单来说，合作关系的意思就是，父母跟孩子双方要能够感觉到彼此是有连结的、彼此是关心的，最直白的方式就是要让孩子能感受到“我们是同一阵营的”，我们是一起努力的“队友”。

但父母要跟孩子合作的首要原则，就是让孩子能够感觉到“自己是安全的”。而这个安全感怎么来？就是不让孩子感觉到自己被大人的眼光所武断评价，并且是会愿意接纳孩子的。在整个过程中，大人是带着尊重的态度与孩子沟通的。

而什么是接纳、尊重？

接纳孩子

接纳，就是“不带评价”地去认识孩子。

而“理解”其实就是一种接纳。例如，哥哥在跟弟弟抢玩具的时候，打了弟弟一下，妈妈可以跟哥哥说：“我知道你现在很生气，因为弟弟抢你的玩具，所以你打他一下，想让他知道你有多生气。”让孩子感觉到他的情绪与动机有被理解，被接纳。

另一种接纳的方式，也可以用讲故事或自我揭露的方式。例如，父母可以对孩子说：“你知道吗？爸爸第一次棒球比赛打输的时候，跟你一样，那个时候我也好难过、好自责。”这非常有助于孩子对自己犯的错不过度羞愧，并感觉自己不是被评价的。

其中很重要的一件事情是：接纳孩子的情绪，不代表认同孩子的行为。而如何在接纳情绪的同时引导孩子正确行为的部分，在之后的“09 如何建立规矩及界线，培养孩子责任感”“10 提高孩子挫折容忍度，从困境中学习成长”及“11 了解情绪的引发及运作，才能跟孩子好好沟通”章节里会提到。但父母必须先带着“接纳孩子情绪”的心态去面对孩子，孩子才愿意对你敞开心胸。

尊重孩子

“尊重”的意思是，父母也应当把孩子当成是一个“有尊严”的个体对待，因此父母亲不该说出伤人的话，例如，我们家没你这个孩子、生你不如生一头猪等负面情绪话语。如果你不确定自己的话有没有问题，最好的判断标准就是先问你自己：“你会对于一个你尊重的成年人说这些话吗？”如果不会的话，那就不该对孩子这样说。

尊重不是放任，而是隐含着父母对孩子的“信任”。即便孩子的思考与认知能力可能没有成年人好，但父母仍旧要信任孩子是一个独立、有思考能力的个体。因此我常问孩子：“那你是怎么想的呢？”而我是真的很好奇，在他小小的脑袋里头，他是怎么看这件事情的。

当我要给孩子建议之前，通常也会跟孩子说：“我有一个想法，你想听听看吗？”以平等的口吻分享我的想法，而非拿出权威，要孩子“一定”要听我的话。孩子当然也可以拒绝听我的意见，或者在听完之后决定用他自己的方式处理，而我也不会因为孩子不愿意听我说话而受伤，因为他可以自由地决定是否要接受。

当然，孩子需要被尊重，父母也需要同等地被尊重。

有些孩子会做出对父母亲不尊重、不礼貌的事情，例如，在辱骂或打父母的时候，父母可以说：“你刚刚骂我，我觉得很受伤、生气，我认为你不该这样对我。”甚至直接离开现场，停止继续接受孩子的人身攻击或辱骂。因为当孩子无法尊重父母的时候，如果一时之间父母无法改变孩子的行为，至少需要先尊重自己，清楚表达自己的感受或离开现场，最起码要让孩子知道，即便是自己的父母也是值得被好好尊重的。

当一个孩子被尊重及接纳的态度所对待时，就能够从中学习到“我是一个有价值、值得被好好对待”的个体，便是踏入提升自我价值的第一步了。

方向二：用正确的方式鼓励孩子，培养面对挫折的勇气

当父母可以跟孩子建立起合作关系的时候，我们就可以协助培养孩子面对挫折的勇气，而最好的方式，就是通过“鼓励”。

很多父母认为，要培养孩子的自尊或自信心，就是要一直称赞孩子。例如，在生活中常听见的“只要你多努力，下次一定可以的”、“这次历史考了 90 分，你很聪明，数学分数一定也可以的”……这类看似正向且鼓励的话语。

但是我必须说，有时候错误的肯定，反而会让孩子更没有信心！接着，我会针对几个鼓励的重点提醒，协助父母厘清重要观念。不过，在开始厘清观念之前，我先跟大家分享一个心理学实验。

鼓励与称赞的差异性

斯坦福大学著名发展心理学家卡罗尔·德韦克（Carol S. Dweck）[1]，针对纽约 20 所学校 400 名的小学五年级学生做了长期的研究，发现“称赞”与“鼓励”有巨大的差异。研究者随机将孩子分为两组，一组孩子得到的是一句关于智商的夸奖，即表扬，称之为“称赞组”。另外一组孩子得到是一句关于努力的夸奖，即为“鼓励组”。并在实验设计中，只会给“一句话”的回应，因为研究者认为孩子对这两者的反应是非常敏感的，因此一句话就能看到明显效果。

整个实验分为四轮测验，分别如下：

第一轮测验：给孩子非常简单的智力拼图测验，几乎所有孩子都能出色地完成测验。测验结束后，会告诉孩子分数，并且附上一句称赞或鼓励的话。

（1）称赞组：你在拼图方面很有天分，你很聪明！

---

1. 卡罗尔·德韦克（Carol S. Dweck）是斯坦福大学心理学教授、国际心理学的顶尖学者，以超过 40 年的时间，研究自我概念如何影响人类的行动，并提出“成长型思维”，表示人类具备通过大脑学习及解决问题的能力。

（2）鼓励组：你刚才一定很努力，所以你表现得很好！

第二轮测验：有两种不同难度的测试可以让孩子选择。他们可以自由选择更多的学习以通过困难的测验，以及与上一轮测验类似的简单测验。

（1）称赞组：大多数的孩子选择了简单的测验。

（2）鼓励组：90%的孩子选择了困难的测验。

第三轮测验：这次没有选择，而是给这群小学五年级的孩子大约“初中一年级程度”的考题，面对这些高于自己程度的题目，大多数的孩子都失败了。这是实验者故意在这轮测验中，给孩子的挫折。但先前得到不同夸奖的孩子们，却对失败产生了差异巨大的反应，尤其是那些先前被夸奖努力的鼓励组孩子们，认为失败是因为他们不够努力。

第四轮测验：到了第四轮时，研究人员再给孩子跟第一轮测验一样简单的题目。这时发现：

（1）称赞组：分数退步了20%。

（2）鼓励组：分数提高了30%。

为什么会有这样的差异性呢？难道在第四轮测验里，“称赞组”的小朋友，能力突然变差了吗？

当然不是。

对于鼓励组的孩子，他们会认为自己的失败是因为自己不够努力，虽然在第三轮测验感觉挫败，但他们反而会愿意花力气去努力。

而对称赞组的孩子，他们的信心建筑在别人的称赞上，也更容易在遇到挫折的时候，感受到更大的打击。同时他们也会认为，失败代表的是自己不够聪明，因此认为“成功并非在自己的掌控之中，面对失败，我是束手无策的”。

事后研究者对孩子访谈，发现称赞组的孩子，也会更看轻“努力”的重要，甚至认为努力是愚蠢的，等于向大家承认自己不够聪明。

鼓励比称赞更有效果

看完上述的实验，回过头来谈“肯定”这件事情。“肯定”简单可以分成两种：一种是鼓励，一种是称赞。

“鼓励”是以信任的态度，让孩子凭借自己的努力，负责任地解决问题，并且针对孩子努力的过程，给予看见以及肯定；而这样的看见，是不论结果好坏的。鼓励会让孩子更有勇气，去培养“不论成功或失败，都会愿意投入与付出”的心态。

举例来说，鼓励就是对孩子说：“我看到你这次考试，真的非常用心地在准备。”在家务上也可对孩子说：“谢谢你想帮妈妈拖地，我觉得你是个很贴心的孩子。”

“称赞”指的是：针对孩子的“表现与结果”去肯定，让孩子知道他某些事情做得很好。称赞使用得当，同样也能让孩子感觉到被鼓舞的力量。例如，对孩子说：“你这次月考，考了第三名，表现得很不错、你帮妈妈拖地拖得很干净哦！”

但是这两者相较起来，鼓励会比称赞更能够培养孩子“面对挫折的勇气”。

人生中不可能没有挫折与失败，而我们也常常在挫折中学习与成长。因此鼓励所传达出的一个概念是：不论结果是成功或失败，我们都可以继续地往前、犯错。因为找在过程中的努力，就已经是一件值得被肯定的事情了。

而称赞的确可以在“孩子真的做到了某些事情”的时候，让他知道自己的表现很棒，并为自己的表现拥有成就感，甚至产生一种想要变得更好的卓越感。

错误的称赞跟责骂一样危险

然而称赞却有一个风险是，隐含着一种“上对下的权力不平等”关系，也容易让孩子上瘾，会让以孩子依赖别人的评价与称赞而活。尤其在生活中，如果只有称赞而没有鼓励的话，就会让孩子有一种“难道我只有表现好的时候，才会被赞美、被肯定”的隐忧。

所以有些一路走来总是第一的孩子，平时挫败的经验少，又得到太多称赞，常常听到：“哇！你的考试成绩那么好，很优秀哦！”这种话，他们会很容易认为“如果我表现不好的时候，我会不会让人失望？我会不会变成一个不好、没有价值、不被喜欢的人？”

称赞跟责骂一样危险，因为会让孩子的自我价值，完全依赖于其他人的评价，随之起起伏伏。

比较一下责骂与鼓励的差异：想象一下，如果你是个成绩差的孩子，A老师告诉你："你怎么那么笨！连这都不会！"而B老师告诉你："你好像不是很满意这次的成绩，但我发现你其实一直很努力尝试呢！"哪一个老师会让你比较愿意继续学习？我相信大多数的人都会选择后者。

再比较一下鼓励与称赞：如果你考试考了一个不错的成绩，A老师告诉你："天啊，你真的是太厉害了，我就说你很聪明，我相信下次你就可以考上第一名的！"而B老师说："我看见你在这次考试上，花了很多时间、很努力地在准备考试！看起来你的努力有成果哦！"同样都是肯定，你觉得哪一位老师会让你感觉到比较大的压力？而哪一位老师会让你更愿意"自动自发"地继续学习呢？

如果我是孩子，A老师的回应，会让我很害怕我下次考不上第一名，会担心我下次会不会让老师失望；但B老师的回应，会让我有种被看见、被支持，下次愿意继续努力的动力，而且我会感觉这个努力是为了实现我自己的目标，而不是满足老师的期待。

错误以及过多的称赞，反而会让孩子缺乏勇气，甚至会变成一种"讨好症"，不断地渴望父母的肯定与看见，更会让孩子在失败的时候大受打击。因为孩子期待自己"一直在被夸奖的位置"，无法接受那个"可能失败"的自己。而正确的鼓励，背后隐含着一种"相信"的态度，会让孩子更有勇气，尽管遭遇挫折，仍愿意继续努力。

方向三：贴近事实的平实反馈

不只要区分鼓励与称赞，我发现很多父母的称赞，会变成太过戏剧化，例如，明明只是吃下一小口饭，就大力地称赞："天哪，我的宝贝！我就知道你一定做得到！"这不只没办法增进孩子的自信与勇气，反而会让孩子更没有信心。

因为孩子在父母夸奖的当下会产生一种困惑：我真的有像你说的那么好吗？会形成"父母的表达"跟"孩子对自己的认知"这两者之间，一个很大的落差，也会让孩子找不到标准去判断自己的好坏，反而无所适从地产生一种莫名的不安感。

此外，如果孩子在这样过度夸奖的环境中久了，也会面临两个风险：一个是孩子会误认为，只有这么强烈的称赞，才算是“好”。那会像是吸毒一样，对于称赞会越来越没有感觉，也会越来越依赖这种高强度的称赞。

另一个风险则是当孩子离开家，到了学校、出了社会后，因为得不到心中设下的强烈的称赞标准，从而很容易感觉到挫败，甚至会不敢去尝试，因而让他更没有自信。

也有一种父母是，当孩子说：“我觉得我很笨、我什么都不会”的时候，父母急着想安慰孩子说：“不会啊！我觉得你很聪明，只要再努力一点，下次一定可以考好的！”这同样会让孩子困惑：“我觉得我很笨，感觉很挫折，可是妈妈说我很聪明，那我感觉到的是什么？”这会让孩子更不容易相信自己的感觉，甚至变得更没有信心。

因此我建议父母的称赞与鼓励，不需要戏剧化，只需要简单、平实地回应，甚至可以尽量贴近事实地描述，那反而会更有力道。例如，我们可以说“谢谢你今天自己把衣服拿进洗衣机”“你这次名次进步 5 名呢！”这样简单地回应，将功劳归功于孩子即可。

方向四：从“外在肯定”到“自我肯定”

父母的鼓励是重要的，但我认为以长期目标而言，更重要的是，如何让孩子从父母或社会的“外在肯定”，转为孩子对自己的“自我肯定”。

一开始，如果父母想要让孩子学习自我肯定的话，可以多问孩子：“你是怎么做到的？”或者让孩子说说看：“你今天愿意把玩具让给弟弟（描述客观事实），你是怎么想的？”创造出一个空间，让孩子成为鼓励、肯定自己的那个人。

重点不在于，孩子真的也要非常“正向”地讲出那些肯定自己的话，只是让孩子有一个空间与机会，开启对自己的欣赏的眼光。

更重要的是，要培养孩子的自尊与自我肯定的能量来源，不是从父母或他人身上得到，不是从事情的成败之中证明，而是通过孩子自己对自己的评价所得到。这样的孩子在长大成人之后，才能够在面对挫败，面对其他人对自己不公平的负面评价时，能够有属于自己的一套判断准则。

心理师与孩子的暖心互动

容我再多说一点：我认为能够练习从“外在肯定”变成“自我肯定”，是一件非常非常重要的事情。这件事情也是从我跟成人心理咨询的过程中发现的。

我发现绝大多数前来咨询者的心理困扰，源自于他们缺乏自信、无法肯定自己。而这些缺乏自信的人，有很大一部分，其外在的客观表现，并不是太差，但是他们还是缺乏自信，为什么呢？

因为很多人，他们的自我价值、自信，是建立在成绩、权威者对自己的评价、同僚的看法等这些外在的标准上。所以即便他们这次成绩考好了，他们也不敢相信自己下次一样会考好。他们这次被称赞了很开心，但因为依赖着父母或权威者的评价，所以当下次又被评价为不好的时候，打击是更大的！

而这也会让长期依赖权威者评价的孩子、让那些从小常被说“好乖、好听话”的孩子，为了一直得到权威者的肯定，而变得不敢犯错。

在长大之后，可能因为老师、老板、其他人的一句话，而完全崩溃。也看见很多建中、台大等第一志愿的孩子，最后因为承受不了打击而结束自己的生命。他们不是太脆弱，而是因为其价值感，完全“只”绑在这些外在评价与表现上。

因此，如果身为父母的你希望孩子在未来遇到挫折、打击的时候，仍旧能够挺得住这些困难。那么我鼓励父母，从现在开始，就要减少孩子对你评价的依赖，让孩子练习“自己去评价自己、欣赏自己、肯定自己”，找到孩子自己内心的标准。

父母反思小练习

正确地鼓励孩子，是培养孩子自我价值的基石。但是鼓励的方法，千万不要变成一种技巧，而是要回到“被鼓励时的感受与体验”。因此通过以下的反思小练习，看一看“鼓励”对孩子和你带来的影响吧！

1. 对孩子试试看鼓励与称赞的肯定话语

（1）邀请父母回想一下，当你责骂孩子 vs 称赞孩子 vs 鼓励孩子，所造成的效果，有什么不同？

(2) 在生活中，找一件非常简单的小事情，去鼓励孩子，也就是告诉孩子，你看见他在什么地方很“努力”（重视过程，而非结果），观察一下孩子的反应有什么不同。

2. 在我生命中的鼓励

(1) 请父母们试着回想一下，在你的生命中，有谁深刻地懂你、相信你、陪伴你、鼓励你，让你更有力量去渡过生命中的难关？让你愿意继续在这一条辛苦的路上努力着？并请把这样的经验写下来。

(2) 如果有的话，你喜欢这种被信任、被鼓励的感觉吗？为什么？

(3) 如何把那份被信任、被鼓励的感觉，传递到孩子身上，并当“去懂、去相信、去支持孩子的父母”呢？

09 如何建立规矩及界线，培养孩子责任感

孩子总是说得到、做不到、很没规矩、老是要爸妈在后面收烂摊子，甚至没有责任感……在指责孩子前，先来想想父母真的“放手”让孩子承担自己行为的后果了吗?

“自然后果”与“逻辑后果”对孩子的影响

很多父母都会跟我抱怨，孩子常常很没有规矩，总是说得到、做不到；很多事情都要父母代劳，永远都像个长不大的孩子一样，令人担心。而这些无法负责任的孩子，往往有一个帮孩子帮得很勤劳的父母。

要让孩子开始为自己负责，就必须介绍“自然后果”与“逻辑后果”这两个非常重要且好用的基本观念。因为，这能够帮助孩子学会纪律及自我控制的能力，最后则是谈到父母怎么拉起跟孩子的“界线”。

无为而治的“自然后果”

自然后果指的是“让孩子自己承担自己的行为所带来的后果”。让孩子可以自然地学到行为与后果之间的关联，进而为自己的行为负起责任。

举例来说，“因为贪玩，晚餐吃得很少，晚上会肚子饿”“作业没写完，隔天会被老师责骂”“没有学习，成绩会比较差，甚至被同学笑”“没有好好注意保暖，因而感冒了”等。

孩子会因为不想要自己的行为带来的负向结果，因而自动改善自己的行为。

父母也不需要花太多额外的时间与力气与孩子战争，改变孩子的行为。

但是，现实社会中，却有不少父母跳出来帮孩子承担、解决了孩子的问题，结果孩子就学不到怎么去承担责任。例如父母嘴上抱怨着：“房间怎么那么乱”，但手还是停不下来地帮孩子整理房间；嘴上抱怨着：“怎么总是忘东忘西”，但每一次在孩子忘记带便当盒时，还是会大老远地把东西送到学校。

父母不论前面讲出多么严厉的话，都不敌最后帮孩子解决问题的手。于是，孩子学到的是“反正我不用为自己负责，自然有人会帮我处理”。

而父母帮孩子擦屁股、收拾烂摊子，会让孩子没办法为自己的行为承担起责任。父母的惩罚、责骂，也会“抵消”孩子在自然后果上的效果。因为，在孩子心中会以为“我接受了惩罚，就‘负责’了”。

我在学校看到常被惩罚、记过的孩子往往会有一种态度就是“反正这件事情是我的错，被你记过后，就不要再跟我啰唆了！”便是指这个道理。

而这种“不过多介入”的父母看似做得少，但实际上却大有成效，很像传统道家所提到的“无为而治”。

因此，在自然后果的处理上，有以下 8 个要点可以注意。

1. 告知孩子，父母决定执行自然后果

父母做了一个新的决定，需要先让孩子知道，并且告知他们自然结果的后果。同时决定相信孩子，让他们学习与练习承担自己的责任。

因此，下次你可以这样对孩子说：

“你常常会忘记带便当去学校，但妈妈工作很忙，如果你真的忘记带便当，我就不会帮你送便当到学校，你可能就需要饿肚子，到回家才能吃饭。”

“每天我都要为了你有没有把脏衣服丢到洗衣机里而生气，弄得我们两个人都很不开心。你已经是个大孩子了，我相信你能够自己把脏衣服丢到洗衣机里。而我只会洗在洗衣机里的衣服，不在洗衣机里的衣服我是不会帮你洗的，那么明天你就只有脏衣服可以穿哦。”

否则对孩子而言，只会知道“爸妈怎么突然改变了？”而不会意识到“我要做些什么？承担什么？”

2. 清楚心中的底线，在底线内让孩子冒险

父母要先想清楚自己的“底线”在哪里，如此一来才能够对自己的判断有安全感。因为在这个底线之内，孩子即便失败或犯错，都是父母跟孩子共同承担，也确保孩子不做出太过夸张的事情。

而判断这个底线的标准在哪？我建议父母可以去思考“当孩子做了这个行为，是否能够承担这件事情‘最糟’的后果？”

举例来说：让孩子饿一晚，是否就会因此而被饿死？这次成绩比较差，是否会让孩子从此一蹶不振？我是否能够接受“孩子决定不穿外套就直接走出门而感冒”这件事？

或许这个后果虽然不好，但是孩子承担得起的话，那我就鼓励父母可以放手让孩子去尝试，并且让他们去承受自己行为的后果。

但反过来说，如果孩子还小，例如，才上幼儿园的孩子说：“我想要独自一人到公园去玩。”身为父母的我们可能会担心孩子遇到绑匪被掳走，而不决批准孩子的这个要求，这时就必须进一步与孩子沟通。千万不能以“尊重孩子”“孩子要自己承担后果”来了事。

其实我常常在演讲时半开玩笑地说：“只要这个后果不会死人的，都应该让孩子去试试看！”

但就我的经验观察，孩子的任性，常常是建立在“不知道父母亲究竟能包容我到多少程度”的一种不安全感所衍生出来的“测试父母”的行为。因此绝大多数的情况是，当父母真的把选择权让给孩子时，孩子反而会开始谨慎，为自己的行为负责。

3. 父母介入越少、效果越好

自然后果的核心精神，就是让孩子亲自体会自己的选择所带来的后果。其他额外的指责、批评、过度提醒，都会削弱自然后果的效果，甚至转移孩子的注意力，花费不必要的力气来跟父母抗争，或者产生自我挫败。

因此建议父母即便担心，但最多只要简单且适当地对孩子说：“妈妈提醒你，考试快要到了，记得留时间提早复习哦。”说完话，就潇洒地转身离开，不再多啰嗦。

这样子，当孩子不论考好、考差，都可以“完全承担或享有”该后果：考差了，孩子就知道下次需要努力；考好了，也可以归功于孩子的自动自发，而不是归功于父母的“叮咛之下才学习”。

但若父母在过程中有太多的介入或责骂，都会适得其反，失去自然后果的精髓。

举例来说，当孩子一直赖床不起时，妈妈不停地说着：“都几点了！你怎么还不起床？”不仅不能让孩子自己承担赖床或睡过头的责任，反而有几个副作用。

一来，可能会引起亲子之间的冲突，而焦点则会变成吵架而不是“去完成该做的事情（起床）”、练习如何为自己负责；二来，会引起权力斗争，因为孩子会想“如果我照你的话做了，那你就赢了，我就输了，而我不想要输给你”；三来，有的孩子甚至会把责任推到父母身上说：“都是你早上一直唠叨，才会害我迟到！”

父母在态度或立场上，应该认识到“孩子现在正在练习承担自己行为的后果。越能让孩子好好地体验当下的痛苦，孩子越能够从挫折中学习长大”。

4. 切记：避免意气用事

在对孩子使用自然后果时，也必须小心，千万不要演变成“意气用事”。举例来说，有的父母会说：“好啦好啦，我说的话你都不听，你如果不穿外套，感冒是你自己的事情，到时候我才不管你”“你要怎么样，都随便你啦！”这些话语，其实孩子是可以听得出来的，父母口中所说的“尊重你的决定”，究竟是真的尊重，还是假的接受。

因此想通过“自然后果”，让孩子学习到负责任的态度，就必须带着“相信孩子能够做到，只是现在需要让孩子练习承担”的态度，让孩子去尝试，也接纳孩子“暂时做不到”的状况。

否则父母会很容易在处理孩子情绪时受挫，而说出那句：“你要干吗，我都随便你”的话语，导致所传递出来的是一种对孩子的放弃、关系上的威胁，而使孩子产生反感，他们当然也就不会学习去负起属于自己的责任。

5. 决定自己要做什么，而不是要求孩子

很多父母常常会以“孩子有没有做到我的要求”，来判断“我对孩子的管教与介入有没有效果”，甚至决定“我是不是一个有效的、好的父母”。例如，用孩子有没有马上去收拾房间、隔天上学有没有迟到、碗盘有没有洗来决定“我对孩子的叮咛有没有用”“我讲的话有没有影响力”的思考逻辑。

老实说，像这样着重于自己感受的父母，其价值感一定会随着孩子的行为起起伏伏。因为当父母的价值感，是由另外一个人决定的时候，自己当然不会有太大的自信，反而更容易陷入自我怀疑，甚至质疑自己的作法对不对。

所以我强烈建议父母“决定你自己要做什么，而不必要求孩子一定要做到什么”。

在句子上就是多用：“如果……（孩子没做到什么），我就……（父母可以做的反应）”。

当父母这么做时，就能够把控制感拿回自己手上，并感觉到“我可以决定我要做什么”。这时心理上会有一种很大的自由感，而不受孩子的反应所影响。

例如，父母可以跟孩子说：“我载你去学校至少要15分钟，所以你一定要在6点半前准备好出门。如果那时候你还没有准备好，我就会直接离开，你就要自己想办法去学校。”

“吃饭时间只有一个小时，如果你现在不吃饭，7点之前我会把晚餐收起来，你就必须等到明天早上才有东西可以吃。”

跟孩子说明这些限制，一方面是让父母画出一条界线，同时也能够通过这种方式来“照顾自己”，不会因为太过勉强去配合孩子，而感觉自己被掏空，或者累积过多的负面情绪。另一方面，也可以把孩子是否要遵守这些规范的责任，归还给孩子，让他自己去负责。

当然，上述“如果……，就……”的句型，后面接的是孩子没做到某些事情时，自己需要去面对的自然后果，而不是惩罚，否则那又会变成变相的威胁。

6. 孩子反抗的阵痛期，父母态度更应温和而坚定

当父母做好所有的准备，并跟孩子讲好要他们自己承担责任后，孩子就会瞬间变得负责了吗？当然不是。

最大的挑战就要来了！在孩子负起自己的责任之前，会有一段非常难熬、必经的阵痛期。但你只要能够撑得过最难的这一关，后面就海阔天空了!

在父母第一次执行自然后果的过程中，会有一小段时间感觉孩子的情绪好像比过去更加失控。而这些情绪都是孩子对父母的潜意识“测试”——测试父母是不是“玩真的”。

明宪总是在吃饭时间玩玩具，有时候一顿饭总要花2个小时才吃得完。吃饭常常是亲子冲突最大的战场。

明宪的妈妈告诉明宪说：“我6点半煮完晚餐，你会有一个小时的时间吃晚餐，7点半之后我就会把晚餐收起来；如果你吃不完，要到明天早上才有东西吃了。”

一开始明宪依然故我，忙着玩玩具而没有时间吃饭。7点半一到，妈妈把晚餐收起来。到晚上9点的时候，孩子丧气地跟妈妈说：“我现在肚子好饿。”

这时妈妈告诉明宪：“我知道你肚子很饿、很难受。但我相信你能够撑到明天的早餐的。”

孩子整夜都因为肚子饿而哭闹、睡不着。但妈妈仍旧坚持跟明宪的约定。

到了第二天，孩子在7点钟一到，马上到餐桌前，自己吃完早餐。

而这种“玩玩具而忙到忘记吃晚餐”的情形，在一个月后又再次发生。妈妈同样温和而坚定地回复：“我相信你能挺过的。”这次明宪的哭闹强度降低许多。而在这之后，明宪知道自己的“测试无效”，再也没有为了玩玩具而忘记吃晚餐的情形出现。

而父母在孩子测试或者阶段性的反弹时，可以怎么做呢？温和而坚定地回应孩子。

当孩子说“我现在好饿、好冷、好难过、好生气”的时候，父母记得，态度一定要和善，绝对不能有任何一点“你看！我就说吧！”的胜利心态，反而需要站在孩子的立场，去同理孩子说：“我猜你现在很生气，妈妈竟然让你饿肚子了，而且因为没东西吃，很难过、很不舒服。”

如果孩子忘记为什么你要坚持不给他吃东西，你可以简单地提醒：“你还记得我们昨天提到的约定吗？”如果孩子已经知道原因了，你也可以不提当初的约定，纯粹表达对孩子的同理即可，并且表达你对孩子的支持：“我相信你能够撑到下一餐的。”

态度要温暖、和善，但立场要坚定。这可以让孩子知道父母仍旧站在自己的心情与立场，陪伴自己面对现在的不舒服，孩子就会有力量能够学习到如何承担自己选择的后果。

7. 对抗阵痛期的心魔，过了就海阔天空

在阵痛期，父母要面对两个最大的心魔是：一是看到孩子受苦而觉得心疼，觉得自己是个糟糕的父母，二是他人的眼光。

不论是肚子饿或着凉，似乎有很多父母都无法忍受自己的孩子有任何一点点的失望或受苦的表情，这会让他们觉得自己似乎是个糟糕的父母。

有一个词，叫作“艰难的爱”，指的是父母在爱孩子时，并不是永远都那么“舒服”的，而是会伴随着一些辛苦，甚至痛苦的部分，但这对孩子是有帮助的。

因此父母在心中需要非常坚信：我这样做，不是故意让孩子受苦，而是让他们去体会到自己行为的后果，使孩子学会更有担当。

而当父母撑过这段阵痛期之后，就会发现：孩子因此能够承担起自己的责任，反而对自己会更有自信。而且这样的孩子对父母来说也会更有安全感，因为孩子知道，父母是有底线、有框架的，因而更相信父母是可靠的。

而另外一个心魔挑战就是“他人的眼光”。

例如当你决定让孩子承担不吃饭的后果时，或许家里的其他人，尤其长辈会说：“你在虐待小孩，居然不给孩子吃东西！”当孩子决定不穿外套而出门，你也决定让他承担是否着凉的风险时，会不会有邻居或路人说：“怎么会有妈妈让孩子穿那么少？”

这时身为父母的你该怎么办呢?

其实，当父母决心要好好执行自然后果时，必须知道自己并不是意气用事，并且扪心自问：“别人一时的眼光重要，还是让孩子真的能够学习自己负责重要？”

或许父母还能够化被动为主动，先打预防针，主动地跟其他人，例如另一半、长辈或学校老师沟通说：“我最近决定要尝试一个新的方法，但可能会让你们有点担心，但这对孩子来讲是有帮助的，还请你们协助我一起配合。”如此跟身边的人说明，自己为什么要做这件看起来会让孩子跟身边的人感觉不舒服的事情。甚至可以协助其他人明白，要如何温和而坚定地回应孩子，以帮助父母在训练孩子自己承担责任的过程中，减少外在阻力。

8. 在适当时机陪孩子讨论解决方法

当然，若孩子反复地在同一件事情上遇到困难，或许就不只是承担责任的问题，而是孩子也遇到了一些困难。

例如：每次都说要提早学习，但每一次都会因为被玩乐给吸引，而没有办法花时间学习，父母就可以提出邀请说："你好像常常无法做到你要做的提前准备。需要妈妈跟你讨论该怎么办，或给你建议吗？"

注意！父母在给建议的时候，也先跟孩子"打个招呼"：小小一个动作，会给接下来的沟通，带来非常大的帮助。

如果孩子说"不要！"的时候，表示他们还没有准备好请求父母的帮忙，有可能他还想要自己尝试看看，这时候身为父母的你也可以肯定孩子："所以你还想要自己试试看。当你需要爸爸帮忙的时候，再跟我说！"然后就可以到一旁去做自己的事情了。

当然也有可能孩子觉得接受了帮忙，会让父母觉得自己能力差。这时父母也只要跟孩子澄清："我只是想要帮忙你完成你想做的事情。"甚至还可以装傻地说："我也不确定这个方法是不是有用，妈妈我也在学习。"这些都会让孩子感觉到被尊重。

因此当孩子回复"好啊！"的时候，父母就可以比较确定孩子的心是开放的态度，便可以没有阻碍地提供建议或是帮助。但在过程中，父母要记得，这时你的角色必须站在一个"协助者"的立场，而非"解决问题者"。

若把握这几个小原则，基本上父母都可以变得非常省力，因为只要在最开始的时候提醒，中间经历一段的阵痛期，最后在必要时刻，征得孩子同意，给予一两个小建议，其他时候只要静静地、优雅地看着孩子自己长大，何乐而不为啊！

当然，当很多父母真的开始尝试这种少即是多、无为而治的自然后果法时，就会发现原来"不做比做还要难"。因为父母要面对的，已经不再是孩子，而是自己内在的焦虑：当事情不完美、孩子懒散、看到孩子受苦时所兴起的种种负面情绪。

所以，当父母发现“很难不去帮孩子做事”的焦虑升起时，或许也可以问问自己：“过去我帮孩子做那么多，究竟是孩子的需要？还是我的焦虑？”

制订双赢契约的“逻辑后果”

在前面有提到过，父母可以通过“如果……，我就……”的句子，把控制感拿回自己手上。

但自然后果与逻辑后果的差别是，自然后果是“行为本身自己会带来后果”；而逻辑后果是“后果不是行为本身带来的，而是依据契约的内容”。

例如，父母说：“如果你没有把玩具收起来，我会当作你已经不需要这个玩具了，我就会把它收在‘玩具垃圾场’，直到你能够好好地收拾玩具时，我才会将玩具还你。”

“如果你吃饭的时候，把桌子弄得一团乱，等一下你就必须花时间将你制造的脏乱收拾干净。”

而这些就是“逻辑后果”。逻辑后果指的是父母与孩子讨论出“如果做了或没做 A 行为，你必须接受 B 限制或后果”的契约。

其实说是“契约”，讲起来好像在谈公事一般，有点冷酷无情。但我会用“契约”这个比喻，是希望取其“双方都同意”的概念，避免逻辑后果变成父母单方面的规定。

其实逻辑后果与自然后果的核心信念很像，是让孩子承担自己的选择，以及随之而来的后果与责任。但差别在于，有一些事情，孩子并不会因为自己做了或没做什么，而需要去承担起那个后果。

例如，孩子不会因为“没有收拾好玩具，而有什么实质上的损害”或不会那么快感觉到“如果玩了太久的电脑，眼睛会变差的后果”。这时候就会需要逻辑后果，协助父母规范孩子。

逻辑后果好用的地方在于，不只可使用在父母想要规范孩子的一些行为，更可以培养孩子平常的生活纪律，或自我监控的能力。

我常常跟孩子说的逻辑后果是："你现在玩得很开心，可是时间已经很晚了。你可以继续玩，但回家后就会没有时间看电视。你来决定，你想要怎么做。"让孩子知道"继续玩"就要承担"回家不能看电视"的这个后果。

以下便提到三个执行逻辑后果时的注意事项：

1. 必须父母与孩子双方共同讨论达成

很多时候，父母会不经讨论，直接跟孩子说："如果你不……，我就……"例如，"你再不乖，等一下就没有糖果可以吃了""如果你再不听话，我就不理你了"等话语。但这不是逻辑后果，而是对孩子的恐吓。

对年纪小一点的孩子，只要要求还算合理，或许孩子还会乖乖听爸妈的话。但对年纪大一点的孩子，则会有一种"我还不是每次都只能听你的！"甚至有种"你根本就是在威胁我！"的感觉。

而且老实说，这不是协商出来的结果，而是父母亲单方面地决定的。是一种"用看似开明的问句，逼迫孩子照自己的意思去做"。而背后的核心概念，仍旧是惩罚。

逻辑结果最重要的精髓是：让孩子也能够参与其中，为自己的行为负起责任。因为这个契约，孩子也参与了一半的讨论，所以事后孩子要遵循规则，也比较心服口服。

如果契约内容是父母占了比较多的决定权，例如直接告诉孩子："今天你如果玩电脑超过约定的时间，明天就禁止玩电脑，因为这对眼睛不好。"父母也要跟孩子确认"你同意我们的这个约定吗？"重点不在于订契约，而是两个人都要"参与"其中，否则也只是变成父母自导自演的戏码而已。

当然，孩子有一半的参与权，父母也握有至少一半的权力。因此在制定逻辑后果契约的过程中，如果父母觉得孩子提出来的要求非常不合理，例如"我打算连续玩电脑一整天都不睡觉！"父母也可以告诉孩子自己的立场："我认为你玩那么久的电脑并不好，因为这样你就会没时间做作业，而且对眼睛不好。"但同时也必须回过头问问孩子的想法："你觉得我说得有道理吗？还是你有什么其他想法？"只要父母能够提出合理的理由，孩子多半也比较能够接受。

当然，这里所说的“一半”，并不是客观上时间的一半，或者条约内容的一半，而是父母在过程中，愿意去倾听孩子的想法，同时也能够表达出自己的想法，并且找出一个“双方都能够接受的约定”为目的。

注意！是“接受”，但不是“满意”。因为父母心中一定会有一个自己心中的理想状况，可能跟孩子的不同。因此如果父母只坚持自己心中的那个答案，那孩子也会感受到“你只是用问句和讨论包装了你的命令而已。”

所以在此提醒父母，虽然说要对孩子抱持着一个尊重与平等的态度，但实际上，父母的确比孩子有更多的权力以及责任。因此，父母在心中必须有一个底线。

因为在逻辑后果的背后，重点不是父母要“赢”，而是在这个设立契约并且试图遵循的过程中，培养孩子的自制力。甚至光是在跟孩子制定契约而需要对话与沟通的过程，就已经在培养孩子的责任感与沟通能力了。

2. 逻辑后果不是惩罚，而是学习承担责任

所以很多父母在使用逻辑后果的时候，会陷入一种“条件交换”的思维，或是“后果越痛，越有效”的迷思。其实，我一直强调逻辑后果的精髓，不在于让孩子感受到痛苦，而是能够让孩子通过自己也参与其中的契约，学习自己承担起责任。

但是要承担后果，意味着要面对自己的错误，这其实是一件极需要勇气的事情。因此父母必须抱持着鼓励、尊重的态度与孩子对话。

再次提醒父母：后果不需要“重大”，但逻辑后果与行为最好有高度的连结性，契约才会有效力。来看看下面的例句：

“如果今天玩 iPad 的时间超过，就要扣你零用钱或者禁足。”

“如果今天玩 iPad 的时间超过，明天就取消玩 iPad 的时间。”

你觉得哪一个契约会比较适当？

我相信大家都会选择“后者”。

为什么呢？

因为后者契约的惩罚与孩子的行为是有联结性的、是相关的，孩子更能够清楚地知道，自己被禁止玩，是因为昨天玩了太多所致。

而前者契约则有几个缺点，包含：

(1) 不同标准不容易有一个参照值。例如，同样玩超过30分钟，要惩罚10元？50元？100元？这个标准要怎么定出来？怎么样才合理？

(2) 承担责任的效果被转移：误以为“惩罚”等于“负责”。如果以钱为例子，孩子可能会觉得“如果我有钱，我就可以超过很多时间”；如果以“考不好就要打手心”为例子，孩子也可能会觉得“反正我只要忍受打5下手心，我犯的错就会一笔勾销”。

如果惩罚的意义大于承担责任，我们的训练反而会变成“孩子对于惩罚的容忍度”，于是孩子会变得对惩罚越来越不在意，而完全脱离了原本想要培养孩子正确的行为，学习负起责任的态度。

3. 别忽略逻辑背后的“情绪”

也有的父母，会很容易迷失在逻辑与契约之中，而忽略了孩子本身的情绪。跟自然后果一样，孩子在承担起责任时，因为需要去体会自己的行为所带来的后果，那个承担责任的过程往往是有压力且不舒服的。而最大的不舒服是：我要承认且面对那个做错事情的自己。

如果父母落井下石，孩子反而没有力气去学习面对后果、承担责任。反之，若父母能够去陪伴、同理孩子当下的情绪，例如说：“我知道你不想清理打翻的牛奶，或是跟弟弟道歉，但我可以陪你一起完成。”那效果反而是更好的。

而以上这些，都是提醒父母千万不要把自己的指责、愤怒、攻击，包装成另外一种看起来民主的讨论，那反而会让孩子感觉到父母的不一致。

最好的做法是，父母在执行自然后果与逻辑后果时，关注一下自己的内在感受，是否会有一种“嘿嘿！你看吧”“我要让你尝尝苦头！”的胜败心理。问问自己，是否愿意在孩子学习承担责任的过程中，你愿意陪他走这一段不容易的路。如果可以的话，你的孩子将会变成一个更有责任感、有勇气的孩子。

界线，是“限制”也是“保护”

有一次，我到某个旅游景点的休息区，看到有一家子，带着两个小孩出游，两个孩子大概都是小学低年级的年纪。孩子难免调皮捣蛋，但这家小孩的顽皮程度，已经超乎常人：在人来人往的地方，追逐并扯开喉咙大声尖叫；吃的东西也掉满地；好几次我都以为这孩子要撞到别人、差点发生意外而捏一把冷汗。

这时，我观察父母的反应，发现他们好像视若无睹地在聊天。当孩子跑到爸妈身边的时候，妈妈还帮孩子擦擦汗、摸摸头、喂喂冰淇淋。他们身边好几个人都已经皱起眉头，但整家人完全沉醉在自己的世界里，完全不管身边人的反应。

场景回到学校。廷扬在学校有很多问题行为，在教室里无法好好待在座位上，常常会不经别人同意就拿别人铅笔盒里头的东西，还会破坏别人的物品。一开始老师会怀疑廷扬是不是多动症的孩子，但仔细观察，发现廷扬其实是有点半刻意做的。

老师跟妈妈反应这些问题的时候，妈妈说："老师，不好意思，我们这个孩子就是比较皮一点。其实我们不需要他成绩好，我们只希望他快快乐乐的就好，他常常告诉我们，他在学校很想交朋友，老师可不可以帮帮忙？"

老师试图帮廷扬安排一些"小天使"去当廷扬的朋友，但是最后小天使也纷纷投降说："老师，我真的快受不了了。"老师最后建议妈妈可以去找心理师聊聊。

在心理师的了解下，发现廷扬有一个姐姐，在几年前因病过世，对妈妈而言，是很大的打击。所以对妈妈而言，孩子不论做什么，都没有关系，只要平安活着就好。有时妈妈也会对孩子的胡闹觉得困扰，但是内心的恐惧太大了，妈妈害怕："如果我对廷扬发脾气，老天爷会不会把廷扬给带走？"但在没有限制与规范的教养环境下长大，也让廷扬处于一个"真空"状态，其实很难真正地交到朋友。

廷扬会被宠坏，是因为他妈妈太害怕失去廷扬，因此没有给他一个合理的界线，让他知道"在教室里头，要乖乖坐好，否则会打扰到其他同学""别人的东西，需要问过别人才能拿，这是一种尊重"。没有被界线框住的廷扬，看起来无拘无束，但实际上却很难在学校、在社会上，好好生存。

界线就像是手机荧幕的壳，虽然会让荧幕限制在一个范围内，但也让它有所保护。

孩子在成长的过程中，势必会有一些越矩的行为，而在这个片刻，父母需要告诉孩子：“这件事情超出界线了哦！”让孩子在这个过程中，练习退回那个安全范围内。

没有界线的教养方式是一种放弃

这个界线，有两个重要的来源：

第一是现实的限制，例如：电视再看10分钟就要关起来了、一个人只能吃3块饼干、游乐园再过半小时就要闭馆了。

第二是是否侵犯到别人的界线，例如：孩子在游戏的过程中，不小心让弟弟受伤了、孩子不经别人同意，就拿走甚至破坏别人的物品。

很多父母会因为个性、过去经验等原因，无法或不敢为孩子设下界线，有的父母甚至会说：“这是我爱孩子的方式。”

但是没有界线的父母，长期下来可能会忽略自己被孩子冒犯的不舒服感受，而选择继续“包容”孩子。甚至因为不懂得保护自己的感受与生活，所以很可能为了孩子、家庭而牺牲自己的工作、自己的时间。

而这些负面情绪没有被好好消化，很有可能会在某一天受不了的时候“爆发出来”，反而吓到孩子。又或者这些负面情绪被父母“隐藏”得很好，但孩子也一定可以隐约地感觉到父母的不开心。

孩子面对这个没有界线的父母，看起来无忧无虑、可以恣意妄为，但实际上，孩子的内在是非常不安的。因为孩子多多少少还是会知道，自己的行为其实是有一点“太超过”的，也可以感受得到父母的负面情绪。

但是，如果父母对孩子离谱的捣蛋行为，都是隐忍、不发脾气，那孩子的潜意识接收到的讯息是：发脾气一定是很可怕的，不然父母为什么要花那么大的力气否认自己的不开心？也会在心中预期着“如果父母哪一天真正发起脾气来，是不是反而更可怕？会不会他就不要我、不爱我了？”

也因为孩子内在有这种很隐讳的不安，所以他会用“更激烈的调皮捣蛋，来测试父母‘如果我这么坏，你是否还是真的会继续包容我、爱我？’”

在某种意义上，如果父母面对孩子所有的要求都全盘同意，对孩子而言，只会感觉到父母在面对自己的状况时，是无能为力的。

这种没有界线的教养方式，其实对孩子而言，是父母对自己的一种“放弃”。

清楚、明确的界线，孩子反而有安全感

对父母而言，会害怕自己的界线，或是要求、规矩、坚守原则会伤到孩子的心，或是自己会因此被孩子讨厌，所以不敢清楚地告诉孩子“这件事情是不可以做的”。

但对孩子而言，父母若能够清楚地告诉自己：“你在这条线以内是被允许的，超过这条线，是不可以的！”而且这条界线是清楚、明确、有弹性的，孩子反而容易拥有安全感。

因为孩子内在往往有两个矛盾的动力：

一边是不想被拘束的自由自在，另一边则是偶尔也想要“遵守规则，当个乖小孩”。

虽然孩子不会总是想当个乖小孩，但当他想要遵守规范时，有清楚的规则让他知道可以怎么做，反而能够提升自我的掌控度。

要在社会上生存，就必须要有弹性地去面对与遵守这个现实社会的许多限制，例如上班不能够随便迟到、弄坏东西要赔偿等。

而有界线的教养，才能够帮助孩子建立良好的自我概念，利于孩子在社会上的生存。

父母反思小练习

要练习让孩子自己承担起责任，父母要先面对自己“放手”时的焦虑。因此通过以下反思练习，挑选一两件具体的事情去练习，试着去听听孩子的想法以及自己的焦虑。

1. 请挑一两件小事情，练习让孩子“承担起责任”。可以用自然后果或逻辑后果的方式。

（例如决定让孩子清洗自己的便当盒）

2. 跟孩子说明你要让他练习承担起责任的决定，并听听他的想法。

（例如告诉孩子：“妈妈每天帮你带便当，可是妈妈工作一天也累了，所以我可以麻烦你，回家的时候，可以自己洗便当盒吗？因为这是你的便当盒，你已经够大了，可以自己洗的。如果没有洗的话，明天就不会有干净的便当盒。你觉得呢？”）

____

____

3. 在这个过程中，觉察自己内在“对孩子放手、不做事”的焦虑，并写下你心中的想法。

（例如“他又来了，我自己来洗比较快”“我很怕他会受伤”）

____

____

最后，让自己深呼吸，并重新提醒自己一次：自己是真的想要“帮孩子”吗？还是为了解决自己“不帮孩子做事”所带来的焦虑？写下你的内心想法。

____

____

10 提高孩子挫折容忍度，从困境中学习成长

“我想让我的孩子能独当一面，但为什么叫他做事老是畏畏缩缩、怕东怕西的。”“我好怕我的孩子是草莓族。”……事实上，想要提高孩子挫折容忍度，就必须让孩子有机会去体会到“如何面对失败与犯错”，并学习自己去解决。

从挫折中培养“挫折容忍度”

很多人会说，现在的孩子，禁不起打击，挫折容忍度很低，也就是大家口中的“草莓族”。好像只要一次失恋、一次成绩考差，孩子就倒地不起。

我遇到过不少父母，因为害怕自己的孩子一蹶不振，所以就开始极力地帮孩子想办法，减少孩子生活中的挫折与困难，培养所谓“正向的成功经验”，认为孩子只要表现好，就会有信心，未来就会一帆风顺。

但许多父母误解了提高挫折容忍度的方式。其实提高挫折容忍度最好的方式，不是让孩子不要遭遇挫折，而是让孩子自然而然地经历事情本身带来的挫折，并且能靠自己的力量从挫折中爬起来、面对并承担起自己选择的后果，如此一来，孩子才会体会到“原来挫折并没有那么可怕，我是有能力去面对的”。

受到传统教育的影响，我们是非常恐惧“犯错”的。

犯错代表失败、代表能力不好、代表不争气、代表不会被喜欢，所以父母也把“害怕犯错”的恐惧投射到孩子身上，因此才会不断地纠正、提醒孩子。于是，类似“不是跟你说过了吗？照我这样说的做，就不会有错了，你都不听”“这点事情也做不好！”就常常浮现在父母跟孩子的互动里。

但我们都知道，没有完美、不犯错的孩子，但是父母却期待孩子能够“尽善

尽美”。我认为是因为“害怕犯错”的想法太过根深蒂固，导致父母总是会过度要求孩子“做对”“做好”。

营造“成功的正向经验”，无助于孩子挫折容忍度的建立

如果问父母对孩子有什么期待，他们几乎都会回答说：“期待孩子能够变成一个可以独当一面、照顾好自己，不用让父母担心的独立个体；希望孩子不要那么‘草莓’，好像因为一些小事而被打倒；希望孩子可以有面对挫折的容忍度。”

但我却观察到，有些希望孩子独立的父母，却对孩子百般保护，确保孩子在人生路上可以顺遂，因为他们认为“成功的正向经验”会增加孩子的自信心。这类父母经常对我说：“我希望孩子成绩好，不是因为我爱面子，而是如果成绩好、表现好，孩子对自己才会有自信。”

表现得好，的确值得肯定。但为何有些孩子明明表现很好，却还是害怕犯错跟失败呢?

那是因为他们对于犯错、失败，太陌生了!

面对挫折、承担责任是一种勇气

我常在演讲时跟父母说：“挫折容忍度，是要从挫折里培养出来的。”而我认为面对挫折、承担责任，是一种更大的勇气!

一个失败或犯错经验太少的孩子，会过度放大失败的恐惧。因为他们以为，失败就会让他一无所有，就没有人会喜欢自己，却无法体会，跌倒只要再站起来，拍拍脚上的尘土，又可以继续往前走。

面对失败与犯错的两个层面

让孩子有机会去体会到如何面对失败与犯错，是非常重要的!

所谓的“面对失败与犯错”有两个层面：

第一是接受现实。“对，我现在就是犯错了、失败了，这就是现况。”

第二是承担责任。“我这次考差了，所以我愿意多花一些心力，下一次更努力一些；这次我不小心生气骂了人，我愿意去道歉、试着修复关系。”

当孩子真的能够靠自己的力量，面对挫折、承担责任、克服困难时，他便会在这个过程中切切实实地体会到“我是一个能够面对挫折与失败的人”，并且在面对逆境时，能够建构自己重要且强大的自信心。

愿意面对与承认自己的错误，甚至花力气去修复、重新来过，其实需要勇气。这个勇气，是一次又一次地，在自己面对失败但没有被打垮的过程中体会到的。

这个所谓的面对犯错，并不需要是一件很“大”的事情。例如：

不小心打翻水，可以让孩子自己拿抹布擦干净。

自己弄乱的玩具，可以自己整理。

不小心在玩闹时打了妹妹，在冷静下来之后，自愿地去跟妹妹道歉、修复关系。

事实上，在很多情况下，父母可以把“承担责任”变成“解决问题”。例如当孩子把牛奶打翻，最好的逻辑后果就是自己学习把打翻的牛奶清理干净；打破了邻居的玻璃，就学会跟主人道歉。

然而，大多数的父母都太快介入：

在打翻水的时候，一边责骂一边帮忙孩子把水擦干净。

一边提醒孩子要收拾玩具，一方面又帮忙整理。

或是在手足吵架的时候，马上跳进去当仲裁者。

这些都让孩子没有机会去练习如何面对自己的错误，同时也让孩子没有机会去感受到自己其实是有能力、有勇气去修复自己所犯下的这些错误。

给孩子解决自己问题的机会

很多父母面对孩子的问题行为或错误，不是做太少，而是做太多。

父母需要去“维护”，甚至“创造”让孩子可以犯错的空间，并且给孩子解决自己问题的机会。

举例来说，当你给孩子一个礼拜 100 元的零用钱，孩子会想在拿到零用钱的第一天，全部拿去买零食。这时，父母虽然可以“提醒”孩子怎么用钱，但最后仍须“尊重”孩子怎么花钱。如果最后孩子仍旧决定这样做，父母要维护一个空间，去让孩子体会把所有零钱都花完的后果。而不急着告诉孩子应该怎么处理或存钱。

我在网络上看过一段外国影片。影片中有一个头大身体小，大概四五岁的小孩，把脖子卡在栏杆的缝隙中出不来。而身边的大人，虽然担心，但因为没有立即性危险，所以也在旁边稳定地陪伴着这个孩子，并一起思考着“该怎么办呢？”

过程中，这位卡在栏杆缝隙的小孩，有一点不安，但是因为身边的大人没有太过慌乱，所以他也很努力地想着怎么让自己逃脱困境。原本这位孩子试着把头往身体的方向抽出来，后来他灵机一动，想到解决方案：他反其道而行，让身体往头的方向推挤，然后侧身穿过栏杆钻出来！

当他“自己”找到这个解决方案的时候，所有人都欢欣鼓舞！而孩子也为自己想到解决办法而非常开心！

我认为，这个孩子能够脱困，比起他的聪明，更重要的是他的冷静，让自己能不慌不忙地面对这个困境。而这种冷静的态度，我相信有绝大部分，是从他的家人的“相信”“稳定的陪伴”而来的。

因此，让孩子有机会解决自己的问题，是非常重要的！

然而，父母在这个过程中，可以做些什么呢？

1. 判断孩子是否有能力面对困境

首先，要先判断孩子是否有能力面对困境。

绝大多数的情况，孩子不是真的没有能力面对自己目前的困境，而是父母往往帮孩子做太多，孩子也习惯依赖父母。或是孩子自己也塑造出一个信念：除非爸妈帮我，否则我是没办法解决问题的。

也就是说，孩子不相信自己有能力可以面对问题，但实际上自己却是做得到的。

但也有另外一种情况是，孩子真的没有能力，或者急需要大人的帮忙。例如有一些学习障碍的孩子，其实真的需要一些特教的资源。但我看到有些父母，并不愿意承认自己孩子是需要被帮忙的，因为他们还不愿意接受自己的孩子劣人一等，而使孩子极有可能在这样的过程中被牺牲。

此时，父母需要面对的功课是：承认孩子需要帮助，并且给予适当的协助，而非硬撑。

2. 告诉孩子你对他的信任

我常常跟孩子说："你是一个有想法的孩子""让我们一起想想这个问题该怎么处理。"然后我会倾听孩子的答案。

很有趣的是，当你把孩子当成孩子，他就会是孩子。当你把孩子当成是一个懂得独立思考的问题解决者，他们就会给你很多、很棒的答案。

3. 用启发式问句，帮孩子拆解成小步骤，培养解决能力

也有很多状况其实是"孩子是有能力的，但缺乏方法与引导"。此时父母可以帮孩子铺路、把事情拆解成小步骤，细腻地引导孩子去完成，这也是在教育心理学里提到的"鹰架式的学习"[1]。

举例来说，对一个常常玩闹到忘记刷牙洗脸、准备上床睡觉的孩子，父母可以问："我们一起来想办法，怎么样可以在10点之前，刷牙洗脸、躺在床上？"只要父母愿意相信孩子，并把"为自己的问题想办法"的权力还给孩子时，通常大多数的孩子都会给父母一个出乎意料的满意答案。

但对有些孩子而言，思考并没有那么完整或精细时，可能会说出一个不够具体、有用的方法，例如："那就快一点刷就好！"

此时父母可以帮忙再拆解得细腻一点："睡觉前，我们需要做哪些事情呢？""刷牙大概需要多少时间呢？""所以我们需要多久前就开始准备呢？""我们可以先做哪一件事情呢？"等等这种启发式问句，让孩子自己回答。

父母的角色与功能，不是当指挥官，而是当军师或引路人。

顺带一提，启发式问句的重点是"启发孩子思考"，让孩子自己想出答案，而非"包着答案的问题"。有的父母会说："你是不是应该要早点去睡觉？""你是不是要当一个乖乖听话、早点刷牙的好小孩？"等这些看起来一样是"问句"，但却只是换汤不换药的命令式话语而已。

---

1. 鹰架式的学习，全名应为"鹰架学习理论"又名"支架式教学"，指儿童内在心理能力的成长有赖成人协助，成人如能针对儿童的认知特质给予系统性的指导，则儿童的能力便能得以发展。

培养孩子解决问题的能力

由此可见，面对挫折、承担责任，都是为了让孩子学会解决问题的能力。父母要怎么进一步协助孩子培养解决问题的能力呢？我认为有两个方向可以切入：一是带着“从错误中学习”的态度，二是通过“启发式问句或苏格拉底式问句”协助孩子思考。

1. “从错误中学习”的态度

很多父母会害怕孩子的失败、挫折，会打击孩子的自信心。但我认为，失败与挫折才是在成长过程中最珍贵的宝藏。而父母对于失败、挫折的态度，会深深地影响孩子怎么看待自己的失败、挫折。

我建议父母可以常常跟孩子分享自己的失败或负向经验：

“妈妈也曾经跟我的好朋友吵架，那时候我也很难过。”

“爸爸知道输掉比赛时的感觉，真的会很难过。”

甚至在父母亲有时候说出或做出一些让孩子受伤的事情时，也可以承认自己的错误：“很抱歉妈妈刚刚说出伤害你的话，那一定让你觉得很难过，甚至觉得妈妈好像不爱你了。”

这些都可以帮助孩子去理解到：失败与错误，只是人生中的一小块或一小部分而已。事情终将会过去的。

孩子会不会因为这样，而感觉父母比较不可靠？

我可以跟你保证，不会！孩子反而会觉得自己的爸妈比较有“人味”，跟自己更贴近。更何况，父母所示范的，并不是失败与错误，而是如何面对自己的失败与错误的态度，投射给孩子所学习到的，则是父母面对失败与错误的勇气。

2. 用“启发式问句或苏格拉底式问句”协助孩子思考

当父母以身作则地表现、传达出面对错误的勇气与态度时，身为父母也可以引导孩子思考，如何解决问题，而非自责与自我挫败。而“启发式问句或苏格拉底式问句”是最好的方法。

苏格拉底位居古希腊三大哲学家之首，据说当他的学生在发问时，他并不会直接回答学生，而是常用“反问”方式，去激发学生思考。

父母也可以用这样的方式，试图协助孩子学习思考怎么解决他所遇到的困境。小从生活起居，大至一些复杂的沟通或情绪问题，都可以使用。

例如：当孩子跟朋友吵架了、不小心弄坏东西了、考试作弊被抓到、说出伤人的话，各式各样的错误，我们都可以问孩子：“从这次的经验中，你学到些什么？”“你可以怎么做，让事情有一些不一样？”在引导的过程中，孩子会慢慢地说出：“或许我可以道歉”“或许我可以用我的零用钱去赔偿”，让孩子有机会为自己的错误去做修复。

但要注意的是，这里的承认错误与道歉，不该是很卑微、自我否定，不断责骂自己“都是我的错”的道歉，更不该是父母硬压着孩子的头要孩子认错地说：“你自己自首做了什么好事”的道歉。而是陪着孩子去看、去体验这个经验对孩子的意义是什么，成为下次改进的动力，并抱持着“我们的确做得不够好，但我们还能怎么改善或从中学习呢？”的学习与成长态度。

我还记得在我的童年记忆里，有一个画面非常地清晰。

有一次我站在马路旁边，我的妈妈问我：“你看看，现在马路上有好多车子，过马路要怎么办呢？”

妈妈引导我去思考、判断马路很危险这件事情，而不是直接拉着我，或直接给我答案说：“你不要乱跑！”而妈妈温柔的引导，以及她那时关切我的神情，一直到现在我都还记忆犹新。

我姐姐也常常跟她的孩子说：“这碗汤很烫，如果碰到的话会怎么样？”孩子也很可爱地说：“会痛痛要看医生。”

这些问句，都在帮助孩子学习自己判断，而不是让爸妈跳下来替孩子做决定。要记得，当爸妈反复地提醒、告诫说着：“路上车子很多！”或是每次在孩子喝热汤时，都紧张地提醒：“会烫！不要碰！”这些虽然看似有效率，但这个“判断权”不是发自孩子内心的，那么孩子久而久之会依赖父母的判断，而学不会自己判断，甚至当父母不在身边时，也学不会保护自己。

使用“启发式问句”的注意事项

同样地，通过“启发式问句”的方式引导孩子思考的过程中，也必须注意到以下三个重要概念：

1. 不要用问句的糖衣，“包装”着父母的答案

当孩子遇到纠纷时，很多父母会说：“为什么你们两个又吵架了？现在该怎么办？”这样的问法，其实在态度与立场上，仍旧是指责。孩子非常敏锐，一定能够感觉到父母的意图。

因此使用启发式问句的重点在于，父母应以“尊重”的态度，“协助”孩子思考出自己的解决方式。要记得，父母只是一个协助者、催化者，而不是最后的决定者。

2. 不要求孩子“完美”的答案

只要孩子能够想出“可以尝试看看”的方案，就比原本的“没有答案”，或是“只听从父母给的答案”要来得好上太多了。而且对孩子来说，就是非常大的进步。

所以父母当下千万不要急着否定他，或是急着提供心目中理想的方案，甚至不要怕孩子会因这个不成熟的方案而受伤。父母只要简单地回答：“你可以试试看。”因为，当孩子尝试得不顺利的时候，他便会再进行下一次的脑力激荡，找到最适合自己的方法来解决。

3. 父母仍旧能够表达自己的意见

孩子有时会提出一些比较不切实际的方案，有可能是思考不够成熟，也有可能是孩子想要故意测试父母的底线。父母既然是一位在旁观察的协助者，就不要插手，只要思考一件事：孩子是否能够承担起这个后果？并依照孩子的年龄当作准则来判断，心里就会有个大概的底线了。

同时在这过程中，父母仍旧拥有表达自我意见的空间。爸妈可以这样跟孩子说：“爸爸听到你要……，我很欣赏你是一个有能力可以思考怎么解决问题的人，但爸爸也有一些担心，你愿意听听看吗？”如果父母的态度和善，又没有累积太多过去的亲子冲突、关系不是太紧张的话，孩子多半愿意听父母怎么说。

父母接着就可以说：“我很担心你……但最后该怎么做，你来决定。”通过“讯息”的表达，再加上最后的“你来决定”，不断地表达出父母对孩子的信任，以及把选择以及选择后的责任交给孩子。孩子会有一种被尊重、被相信的感觉，且因为自己要承担起这个责任，反而会更加小心，并为自己做出更好的决定。

心理师与孩子的暖心互动

前面提到，要提出启发式问题让孩子自己思考与解决，但有时候身为父母的我们实在不容易拿捏，要怎么问出合宜的问题。其中，我最喜欢用的一个方法，就是“提出我的两难，要孩子一起思考解决方案”。

举例来说：

（1）幼儿园的孩子说，还想要玩耍、不想回家，但天色已暗，必须要回家，这时父母可以说：“我知道你还想玩，可是太阳公公下山了，而且回家还要半个小时，到时候爸爸、妈妈跟你都会肚子饿，可是我知道你真的很想继续玩。你觉得可以怎么办呢？”

（2）小学的孩子说，希望爸爸可以陪自己玩游戏，可是爸爸下班已经很累了想休息，这时爸爸可以说：“我知道你希望爸爸陪你，可是爸爸下班好累、好累，陪你玩的话，爸爸会没有力气，脸就会臭臭的，可是如果爸爸不陪你玩，你又会失望。你觉得可以怎么办呢？”

（3）初中的孩子说，要买昂贵的手机，但爸妈觉得太贵，这时爸妈可以说：“我知道你很想买，可是手机要 4 万新台币。爸爸的薪水，一个月才 4 万多新台币，买了手机这个月就没钱了。可是我知道你真的很想买手机，你觉得该怎么办？”

（4）高中的孩子说，要跟同学出去通宵跨年，但爸妈很担心孩子的安全问题，这时也可以问他：“我知道这是你第一次跟同学出去，你很期待，可是人好多，我会担心你的安全，你觉得该怎么办呢？”如果孩子说：“放心啦！不会有事。”爸妈可以继续说：“我相信你会照顾好自己，可是爸妈的担心，你觉得有道理吗？我没有不让你出去玩，但你可以帮爸妈想个办法，怎么样可以让我更安心一些，你也可以玩得更尽兴吗？”

在这些案例里，都包含了同理孩子感受、表达父母的为难、并让孩子思考解决方案这三个步骤。如此一来，父母也可以把自己的为难分担给孩子，请孩子跟你一起解决。

跟孩子提出大人两难的四大好处

在我的经验里，当我把我的困境提出来的时候，有很多好处：

一是用询问的方式，可以避免掉传统高压管束的方式，例如“小孩子不需要用那么好的手机”“你刚刚已经玩很久了，现在都那么晚了，你不知道大家肚子都饿了吗？”的管教方式，避免造成孩子反弹。

二是孩子能够为自己所提出的要求负起一些责任，学习独立。

三是当孩子“被相信”自己有解决问题的能力，甚至最后真的参考自己的方法去解决问题时，便是培养孩子面对困境能力的最好方式，孩子也会对自己更有信心。而且身为父母的你会发现，通常孩子自己想到的答案，往往也是你意想不到的创意解答。

四是即便最后的选择，让孩子有一点委屈，没办法完全照自己的意思去做，孩子也不会有太大的反弹，反而会产生另外一种开心。而这种开心的心情，便是心理学家阿德勒所说的“贡献感”。即孩子能够帮爸妈解决困扰，当爸妈的人也很珍视孩子的协助，对孩子来说是莫大的鼓舞。所以我也常会很诚恳地对孩子说：“你可以帮我一个忙吗？”当孩子愿意主动稍微牺牲自己一点，帮我解决我当下的困扰时，我也都会很诚恳地说：“谢谢你！”

但要记得，使用这个技巧时，有个重要的心法，就是把孩子当成是一个值得互相尊重的独立个体看待。如此一来，孩子才会在你的尊重与相信之中，体会到自己是个有能力解决问题的大人。

11 了解情绪的引发及运作，才能跟孩子好好沟通

你跟孩子的冲突常常一触即发吗？明明是一件微不足道的小事，却常常会演变成天翻地覆的大冲突？或者有时觉得明明是一件小事情，孩子却大发雷霆？这很有可能是你没有深入了解孩子情绪背后所隐藏的问题。

情绪，是天经地义的事

婷雅今天的心情像是坐云霄飞车般。今天是婷雅第一天上幼儿园，在出发之前，婷雅抓着妈妈的手说：“我不要去上学。”因为她非常害怕，不知道幼儿园里会发生什么事。到了幼儿园门口，妈妈跟婷雅说：“妈妈要去上班了！等等会有温柔的老师会陪你的。”在妈妈转身的那一瞬间，婷雅开始啜泣了起来，然后说：“妈妈不要走！”婷雅很难过，很害怕妈妈一离开就看不到妈妈。

但婷雅记得妈妈昨天跟自己说，害怕的时候，可以看着妈妈送给自己的洋娃娃。婷雅摸摸自己的洋娃娃，鼓起勇气走进教室里。一进教室，看到有很多跟自己一样的小朋友，还有一个漂亮的女老师，很亲切且有朝气地跟大家说：“大家好！”婷雅也觉得安心一点点。

接着老师带来了好多有趣的活动，让婷雅觉得很兴奋！可是在游戏的时候，有一个小朋友突然冲过来，把婷雅的玩具抢过来丢在地上，那种被冒犯的感觉，让婷雅觉得非常生气，还推了这个小朋友一把。

这时候小朋友哭了，老师发现不对劲，走过来看看到底发生了什么事。在厘清状况之后，也安抚两位小朋友的情绪，老师跟两位小朋友说：“玩具是大家的，要学习彼此分享哦！”婷雅虽然觉得有点委屈，但是自己推了对方，觉得有点罪

恶感，所以婷雅也跟小朋友道歉说：“对不起我推了你。”

很快到了放学时间，妈妈准时出现在幼儿园门口，婷雅冲过去抱住妈妈，妈妈摸着她的头说：“老师说你今天好棒呢！”婷雅觉得能跟妈妈在一起的自己，真的是很幸福。

很多父母应该都能深深认同这句话：“孩子笑起来像是天使，哭闹起来像是恶魔！”尤其是孩子的情绪轰炸，非常容易让父母的精神耗弱。

有研究指出，“婴儿的哭声总是如此刺耳，是因为他们在演化上，会发展出一种令大人觉得不舒服的音频，以吸引父母的注意”。自从我知道这个研究之后，对于婴儿的刺耳哭声，似乎变得比较能够理解。

其实人类有情绪是天经地义的事，孩子更是如此。看看前面婷雅的例子，一整天下来，她经历了许多复杂的情绪。而所有的情绪都有其功能，只是父母如果读不懂孩子情绪背后所传达出来的讯息，加上我们自己害怕面对情绪，很容易不小心压抑了情绪，而造成更大的反弹，或是屈服于情绪底下，变成被情绪操控的奴隶。

情绪是什么

如果要给情绪下个定义，台北教育大学心理与咨询学系副教授曹中玮在1997年曾指出：情绪是由“内、外在刺激”所引发的一种“主观”的激动状态，此状态是由主观的感受、生理的反应、认知的评估、表达的行为等四种成分交互作用而成，并极易因此产生“动机性的行为”，促使我们去做一些事。

由此可知，情绪的引发有二个重点：一是内、外在刺激，另一个是主观。

内、外在刺激

会引起情绪，有可能是发生某些事情的“外在刺激”导致，例如：被妈妈骂了、走路跌倒了。也可能是“内在刺激”，例如：“想到”昨天被妈妈骂的事情，“觉得”我是个不讨妈妈喜欢的小孩等，都是一种刺激。

而父母要处理的，其实不只是孩子的情绪，还要能够了解孩子“遭遇到什么事情或威胁？”因此能够找到“刺激的来源”是非常重要的事情。

举例来说，如果孩子在学校常常生气，是因为在学校常常被一些调皮的同学欺负。如果父母知道了，只处理了情绪的部分，像是要孩子“不要随便生气”，并不会解决问题。因为，父母真正要处理的是，怎么去面对那些欺负孩子的同学，也就是孩子生气的来源。

又或者是常常没自信的孩子，动不动会说：“我做什么事情都不会成功”“我很不乖，没有人会喜欢我。”这时，父母需要了解的是孩子的“内在语言”是什么，然后再进一步做调整与翻转。

孩子的主观世界

之前，曾提到孩子的天生气质，再加上每个孩子的成长环境也大不相同，所以对于同一件事情的反应，本来也会有所不同。

尤其是对大人而言微不足道的小事，对孩子却可能是惊涛骇浪的大事。如果父母没有进到孩子的主观世界里，便会觉得孩子太过小题大做、大惊小怪，例如婷雅的例子，如果妈妈认为：“不过就只是去上个幼儿园，又不是把你丢在那”而觉得孩子哭得太夸张，那便是没有进到孩子的世界里，久而久之，孩子会没有安全感。

一旦进入孩子的世界，父母就可以了解到这孩子会如此哭闹，是因为从来没有离开父母这么太长时间的经验，因此面对这次的“离去”，就像是把孩子丢到一个人生地不熟的地方一样可怕。

了解情绪的功能

我非常推荐一部迪斯尼动画电影，叫《脑筋急转弯》（*Inside Out*）。它用拟人化的方式，呈现出人类内在的情绪世界，例如“喜、怒、忧、惧”会分别用一个角色来代替——喜是乐乐、怒是怒怒、忧是忧忧，另外还多了惊惊与厌厌。

一直以来，女孩跟“乐乐”（代表小女孩内在“快乐”这个情绪）一直是关系非常好的伙伴，因为乐乐总能带给自己以及身边的人很大的快乐。然而随着搬家、跟好朋友与父母亲吵架等许多巨大变动，原本被大家喜欢的“乐乐”，怎么也无法让女孩开心起来。

女孩在面对这些困难、寻找自我的过程中渐渐发现，不同的情绪其实有不同的功能：“害怕”可以让女孩在想要离家出走时避开危险，而“忧伤”能够让身边在意女孩的人，有机会可以关心女孩，而女孩也在这成长的过程中，更认识自己，也跟家人建立更丰富深厚的关系。

我很喜欢这部动画是因为，它其实非常贴近“情绪心理学”中提到的“不同情绪有不同的功能”。例如：

“快乐”会带给一个人很大的活力与能量，也让我们容易跟其他人相处。

“愤怒”可以攻击威胁我们的事物，带来“保护”自己与其他人的力量。

“悲伤”能够让一个人好好地“休息”，也能够招来别人的安慰与照顾。

“恐惧”能够避开不必要的危险。

甚至当年纪更大了一点，我们的情绪变得更复杂：

“嫉妒”可以留住我们重视的人和事物、维护自己的权益与资产。

“罪恶感”能够提醒我们下次不要再犯类似同样的错，或修补关系。

“焦虑”虽然严格算起来并不算情绪，但它能够让我们为一些事情提早做准备。

所以有一件非常重要的事情是“情绪的存在，是有其功能与目的的”。

情绪是“威胁侦测器”

情绪就像是一只最忠心的“护主犬”，它会嗅出在我们生活周遭那些“不对劲”的事物，并且用最直觉、快速的方式做出反应，目的是为了保护主人、照顾主人。因此情绪最大的功能与目的是，指出威胁在哪、协助我们去面对这个威胁、满足主人的需求。

但当我们没有意识到外在威胁的危害，或是有一些需求没有被满足，而误以为是情绪害了我们，便就会害怕情绪，并且压抑情绪。于是情绪的压抑，反而让情绪这只“护主犬”觉得自己并没有尽到保护与照顾主人的责任，而更加强烈地去展现它自己。

也就是说，当父母没有回应孩子的情绪与需求时，孩子会用更强烈的方式表达情绪，而变成大哭大闹、过度坚持，或是强烈的沮丧。

压抑情绪，容易招致灾害反弹

目前，大多数的人其实是崇尚理性，或是只接受“快乐”这种让我们感觉舒服且正向的情绪的，却害怕感受以及表达负向情绪。因为我们觉得情绪会伤人，也会害怕自己陷入情绪之中无法自拔。

但是当我们害怕情绪，就会更不敢好好去“承认”自己的情绪、“感受”自己的情绪、并“看看”自己情绪是什么样子、合宜地“表达”情绪。如此一来，会让情绪更被压抑，而压抑的结果是，等到下一次会招来更大的反弹，就像累积很久的水库泄洪一样，反而会造成大灾害。自己与别人都会被突如其来的猛烈情绪给吓到，因为自责与羞愧，让我们下一次更不敢表达情绪。

“我的感觉不重要”等于“我不重要”

姐姐：“妹妹抢我玩具！”

妈妈：“你是姐姐，让她一下又没关系！”

姐姐：“可是那是我的！”

妈妈：“再买新的给你就好了啊！”

姐姐：“可是……（又着急、又生气、又难过）！”

妈妈：“你这孩子怎么不懂事呢！这有什么好生气的呢？”

压抑情绪的习惯是根深蒂固的。很多父母不知道怎么跟自己的情绪相处，所以也会用否认或压抑的方式对待自己的孩子。因此，当看到孩子哭的时候，父母会说：“哭哭羞羞脸”“好孩子不会生气喔，好孩子会分享玩具喔”等等，而这会让孩子产生混淆感。

孩子内在的混淆感若翻译成内心想法是：因为我不能够再玩我喜欢的玩具，所以我很自然地难过流眼泪；我也很生气妹妹抢走我的东西，因为那是“我的”东西。可是妈妈说我不该生气，那我现在感受到的是什么？

除了混淆感，还会给孩子造成很大的内在冲突：一方面“我想要保护我的玩具”，另一方面“我又想当爸妈口中那个不生气的好小孩，这样我才会被爱。”尤其年纪越小的孩子，越会需要爸妈的认同，也就会越容易为了爸妈，牺牲掉自己的感受与需求，去“扮演”爸妈心目中的那个好小孩。

久而久之，当孩子长大了，遇到一些生气或难过的事情时，孩子会不知道“自己到底怎么了”，或是不懂或不敢难过、生气。没办法觉察并运用情绪，也就会让孩子没办法保护自己。

用权威压抑情绪，会让孩子造成内在创伤

力泓是个调皮的孩子，但他的爸爸也不是省油的灯。军人出身的爸爸，总是用“铁的纪律”教导着孩子。每当力泓调皮，总会献上一顿竹笋炒肉丝，重点是，当力泓被打到放声大哭时，爸爸会用泰山般厚实的声音对孩子吼：“男子汉哭什么哭！自己做的事情要自己承担！我给你10秒钟，你再哭我就再多打10下！10……9……”而力泓也真的如爸爸所说的，硬是把那些正在抽泣的眼泪，满腹委屈，全都吞下肚子去。这时爸爸就会很得意，自己教出了一个有纪律、有泪不轻弹的男子汉！

对父母而言，有时候拿着“权威”这武器，是非常好用、快速的，如果又把这武器用在“处理”孩子情绪上，很多父母也觉得挺得心应手。

但长期下来，却很可能会对孩子造成巨大的内在创伤。用高压的方式压制住孩子的情绪，所教导孩子的并不是情绪管理。而是在传递一种“似是而非”的讯息：请孩子你变成一个没有感觉的人；孩子你的感觉不重要，你不是一个需要被好好重视、有血有肉的人；孩子你不要明辨是非，所有事情都只要“忍”下来。

在我的实务经验里，我看到很多长期压抑情绪的孩子，渐渐变成被情绪“隔离”的人，就像个机器人一样，尽管外在表现不一定比较差，但却会有一种“没有来由”的抑郁感，因为孩子会觉得“我活得不像自己”“我好像一直带着一张让人喜欢的面具，但那不是真正的我”。

但压抑久了，那些情绪并不会消失，总有一天会被自己的情绪突袭，产生突如其来的暴怒或忧郁。而这种莫名袭来的感觉，会让孩子更不敢表达自己的情绪。

如同前面所提到，情绪是侦测器，是“护主犬”，是因为受到威胁或需求未被满足时会先跑在前头的指标，如果父母否认了孩子的情绪，等于教导孩子要放弃对自己而言最重要的事情。在孩子长大之后，若发生任何对自己不公平的待遇，他也会先怀疑自己，而不会想要为自己争取应有的权益。

因此请父母扪心试问：“如果你的孩子长大了，遇到一个会占孩子便宜的惯老板，你会希望孩子忍气吞声、不要去保护自己、被老板吃尽豆腐也不要反抗吗？”如果不希望的话，请在孩子有情绪的时候，好好地重视他们内心真正想保护的。

压抑情绪的教育，会使管教失效

如果不谈长远的影响，就短期来看，压抑情绪的教育，对父母的管教也会变得越来越艰辛。

一个不鼓励孩子表达情绪的家庭，当孩子压抑久了，某一天内在的委屈与不公平会突然反弹、爆发，引发更大的冲突；又或者是孩子渐渐情感麻木、死亡，不论大人们怎么加强管教，对他而言，都已经不痛不痒了。

事实上，根据我的观察，有一些在社会上做出极端暴力的犯罪者，也常常是在一个不允许表达情绪的家庭环境中长大的。于是长期的情感压抑与自我麻痹会导致一个人“心死”。心死的感觉其实是很难受的，感觉自己像个行尸走肉一样。所以他们会找更多、更大的“刺激”，或是用很极端的方式表达内在的愤怒，因此才会在报纸杂志上看到一些很极端的犯罪或暴力行为的产生。

情绪的大脑结构：感性脑与理性脑

思慈跟妈妈的冲突常常一触即发，明明是一件微不足道的小事，却常常会演变成天翻地覆的大冲突。

这天，思慈在房间里头玩着手机，妈妈说：“你房间那么乱，怎么还不去整理？”思慈一听到妈妈的声音，就有种厌烦的感觉。因为心里不舒服，所以思慈敷衍地说：“好啦！”但心里却更想逃到手机的世界里。

妈妈看到思慈的漫不经心，火气就开始上来了：“我讲话你到底有没有在听！”思慈听到妈妈这么一说，口气也好不到哪去：“你讲话有必要这么凶吗？”

妈妈也不是省油的灯，回说：“我好声好气跟你说话，哪里凶了？而且你的房间乱成这样，被人家看到岂不是被人笑死，人家会说我女儿没教育好，我这么爱干净，怎么会生出你这种女儿。”

思慈听了当然不舒服，也回呛：“这是我的房间，你凭什么管？！如果你看不顺眼，不要看就好啦！当你女儿也不是我愿意的啊，当别人家的女儿说不定还比较快乐！”

这是思慈与她的妈妈每天上演的戏码。这时两个人的火气都已经停不下来，讲出来的已经全是伤人的气话。当初收拾房间的事情，也早就被抛到九霄云外了。

你会不会常常有这种经验：每当情绪上来、渐渐失控的时候，原本要谈的那些重要，或是正确的事情，却常常“偏离主题”，反而搞得所有人都碰了一鼻子的灰。

为什么我们总会被情绪带着走呢？

要理解情绪，理解为什么会失控？就必须先了解大脑结构。其实整个大脑结构以及情绪处理的机制很复杂，但简化来说，就是将大脑分为“低路—感性脑—杏仁核”与“高路—理性脑—前额叶”。

杏仁核	前额叶
•感性脑	•理性脑
•生死存亡，战、逃、呆	•判断、行动控制
•力道大	•作用长
•速度快，只需 0.0002 秒	•需时间 0.2 秒
•出生数个月成熟	•20 岁成熟

大脑的结构及功能

高路—理性脑—前额叶

“高路—理性脑”，是指大脑的“前额叶”，主要是负责思考、规划、冲动控制、解决问题等部分，也就是一般人所讲的“高 EQ”行为，像是父母希望孩子可以“好好讲道理”，就是由前额叶所负责。

但是通过“大脑的结构及功能”的这张表可以知道：

第一，前额叶的“力道”比杏仁核弱很多，当杏仁核与前额叶打架时，也就是当“脾气上来了”，但又要“好好说话”的时候，前额叶大多数会打输，大概就是“惊涛骇浪”对上“涓涓细流”的差别。

第二，前额叶的“成熟”非常晚，平均18至20岁时才会成熟。对年纪小的孩子而言，他们语言表达能力相对差，所以常常会有种“词不达意”的着急感，我看到很多孩子的挫败感来自于，他们没有办法妥善地表达他们内心真正的想法。

对青少年而言，前额叶稍微成熟一点，但是再加上荷尔蒙、发展阶段、身心变化等，也会让青少年的情绪起伏变得很大。

所以当孩子说“我知道，但我做不到”时，请相信，这是真的！这是大脑结构发展尚未完全的关系，我也常跟伙伴开玩笑地说，孩子的脑“还没长好”，所以“脑袋有洞”是真的！而孩子也常常因为控制不了自己的脾气，会有种力不从心的挫败感。

低路—感性脑—杏仁核

至于大脑的另一半“低路—感性脑”，则是由“杏仁核”所负责。杏仁核所处的位置在大脑深层的核心地带。

它之所以在核心地带，有两个意义：一是它早在原始人时代就已经存在，二是它是人体很重要的构造，需要被放在大脑深处好好被保护着。

为什么杏仁核这么重要？因为它负责的是人类在遇到“攸关生死存亡”的事情时的反应——“战、逃、呆”这三种。

举例来说，在远古时期的森林里，遇到突然冒出来的黑熊，这时杏仁核会快速地协助你立即地做出反应：决定要跟黑熊打一架的“战”、要逃离现场的“逃”、还是要关掉自己感觉的“呆”，以减少被攻击、吃掉的痛苦。

也因为杏仁核负责的是跟生死存亡有关的事，所以杏仁核的力道大、时间反应短，有时候往往自己都还没有意识到，情绪就已经冲上来了。

在现代社会，虽不会有黑熊追着我们，也很少遇到真正危及生命的事情，但是“不被喜欢”却是现今社会中最大的生存危机。尤其是被爸爸、妈妈、同学这些重要的人不喜欢时，更是会引发孩子的生存危机。特别是在孩子很小的时候，父母“不认同我、不爱我”在意义上几乎等同于“我不会被照顾”，甚至“我可能会死掉的”。同样的，在手足之间的竞争，也是想确保“我能不能得到爸妈足够的关注资源”。

所以，当父母责骂孩子、说要丢掉孩子时，便就会勾起孩子的生存危机，而引发“战、逃、呆”的三种反应。

（1）战：当父母骂孩子时，孩子会反击：“我才不是这个样子”“我最讨厌你！我不要你当我的妈妈”“你们都去死”。

（2）逃：当父母生气时，孩子不回应、减少接触、打岔、玩手机转移注意力、找理由推托。

（3）呆：亲子有冲突时，孩子会发愣、发傻、脑袋断线、当机、麻木。

但事实上，当孩子出现这些反应，只会让父母更抓狂、发火而做出让孩子倍感威胁的反应，于是孩子就更想要用“战、逃、呆”来回应父母。这是因为孩子在大脑的杏仁核基因里，早已被设定好想要“活下来”的策略。

千万不要变成“爬行动物脑”而虎毒食子

但问题来了，在亲子冲突时，孩子会被启动杏仁核所负责的“战、逃、呆”反应，父母也是，于是会出现以下情况：

（1）战：父母开始攻击自己的孩子，例如说：“你怎么那么不懂事、我真的恨不得没有你这个儿子……”

（2）逃：父母为了回避冲突与不舒服，而陷入“拒绝沟通”的状态，例如会不想要再次跟孩子说话，因为“反正讲了他也不会听，也不会有用……”，或是讨好小孩：“我给你买吃的东西，你就不要生气（或是乖乖帮我做事）。”

（3）呆：父母不知所措、脑袋当机、感觉无力，甚至直接放弃。

美国教育学家简•尼尔森博士在《正面管教》书里曾提到“爬行动物脑”这个比喻：爬行动物在遇到一些特殊危机时，会吃掉自己的孩子。而人类在遇到冲突时，即便平时爱子心切，但在杏仁核被激发的情况下，理性的大脑会转为被“爬行动物脑”，也就是“感性脑”所控制，而可能会做出种种伤害自己孩子的事情。

也因此，当父母身处“冲突”时，应该避免自己的大脑被“爬行动物”化，而在盛怒之下做出伤害彼此的事情，并要试图让自己与孩子的大脑，从“低路—感性脑”恢复成“高路—理性脑”才行。

父母应先谈情绪，再谈道理

所以，想要让自己跟孩子可以维持这个“高路—理性脑”的状态，甚至丢掉情绪化的自己，身为父母的我们应该要怎么做呢？

很多父母过去惯用的做法是“跳过”自己与孩子的情绪，直接跟孩子谈理性、讲道理，告诉孩子，父母觉得正确、应该的事情，像是：

“跌倒又没什么，拍一拍站起来就好！没什么好哭的”“如果你不要一直玩游戏，这次也不会考那么差”“你讲话怎么那么没大没小？”

但父母是否发现，尽管这些道理大多数都是很正确，但是用处却不大。而且实际操作下来，发现越讲，彼此情绪越大，孩子到最后根本听不进去这些很有道理的话。

因为心理学有个词，叫“情绪相依记忆（mood-dependent memory）”：当我们处在某个情绪的时候，只会筛选并接收到“符合当下情绪的信息”，对于其他情绪或讯息，我们不会有太大的反应。

所以当我们很生气的时候，就会去找寻过去所有对方所做的坏事情，以“佐证”我的生气是有道理的；当孩子觉得很“不公平”的时候，孩子也会找到所有微不足道的小事情，证明爸妈偏心；当父母觉得孩子对父母没大没小时，就会找很多证据，来证明孩子不重视自己。

也因此，父母便很容易会“陷”在这个情绪里面。甚至反复地被自己所“筛选”出来的这些负面情绪给伤害，不断地回想着对方对我们所做的糟糕事情，而不自觉地说出可能会伤害对方的话语。

如果回到大脑科学前额叶与杏仁核的抗衡，刚刚提到前额叶的涓涓细流往往抵挡不住杏仁核的惊涛骇浪。多年来深入研究大脑神经科学、心理治疗与儿童发展等领域的精神医学教授丹尼尔•西格尔（Daniel J. Siegel）在他所著作的

《第七感：心理、大脑与人际关系的新观念》指出：一旦杏仁核被激发18分钟，就会进入备战状态4小时。而过了4个小时之后，才有机会慢慢地解除紧张备战的状态。

直到杏仁核有机会被“冷却下来”，父母及孩子才有机会，可以恢复“高路—理性脑”的思考，而父母也才有机会，把要教育孩子的正确道理及事情，好好地跟孩子沟通，让孩子可以听得进去。

12　如何协助孩子管理情绪，不暴走！

“为什么每次孩子都不听话？”似乎是每个父母最深的感受，但在教孩子管理情绪之前，最需要先管理好自己的情绪，觉察自己的痛点，才能检视孩子的问题，进而决定用什么方式好好跟孩子沟通。

调节情绪三步骤——停、看、应

上一章节讲了关于大脑与情绪之间的关系，及引发情绪的缘由，为的就是让父母能多多了解孩子情绪背后所隐藏的原因，并以同理心的方式去贴近孩子，跟孩子沟通。

但身为父母的我们，遇到孩子的情绪问题时，该怎么做呢？

协助孩子情绪调节三步骤

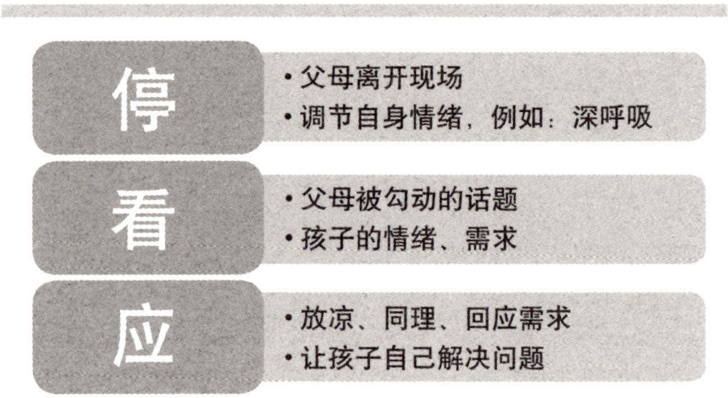

最重要的是，我们需要先安抚自己的杏仁核，让自己冷静下来，再安抚孩子的杏仁核。当父母的杏仁核被安抚下来时，才能处理孩子的事情，并教导孩子如何正视自己的情绪。具体而言，可以采取我所引用的周慕姿心理师的《情绪勒索》一书中关于“停、看、应”这三步骤，来帮助孩子在面对自己强烈的情绪起伏或不安感时，有很重要的自我提醒与照顾。

停——冲突当下，先离开现场、深呼吸

父母跟孩子沟通，发生冲突时，最忌讳“泥菩萨过江，自身难保”。

因此在冲突当下，建议最好离开现场，然后转移注意力，做做深呼吸，让自己的情绪缓和下来，才能思考下一步要怎么做。

离开现场

尤其父母在自己也有情绪的当下，可以先试着调节自己的情绪。像之前曾提到“爬行动物脑”，当父母的杏仁核处在应激状态时，跟孩子的互动就会变成“战斗模式”，不只无法做出帮助孩子的正确决定，还反而会不小心伤害孩子。

因此，调节自己情绪，最直接、有效的方法，就是暂时离开那个引发自己情绪冲突的情境，主动地“离开现场”，让自己的情绪稍微降温一点。

转移注意力、深呼吸

离开现场之后，先稍微做一些让自己开心、放松一点的事情，例如跟另一半或其他可以懂你的人聊聊，甚至就只是出去散步、走一走、转移注意力，都是好的。像是在转移注意力方面，我建议可以数数字，从1数到100，再从100数到1，让自己分心一下。

而我个人最推荐的是“深呼吸”：左手抚摸着自己的胸口或心跳，感觉一下自己的呼吸与心跳，把注意力回到自己身上，而非刚刚的情绪事件，接着带领自己做几个深呼吸。

深呼吸有几个重点：第一，把注意力放在自己身体的感觉，例如空气经过鼻子边缘时，那种轻轻掠过你皮肤的感觉、胸口的起伏、肺部的扩张等；第二，深呼吸的重点在于“吐气”，让自己的把所有的空气全部吐出来之后，你就可以自然

而然的吸气，而不会不小心变成过度换气。第三，试着让自己的呼吸“放慢”，让呼吸越长、越缓越好，平均一个深呼吸，可以做到大概 15 秒。如果有练瑜伽，或其他运动有自己熟悉的呼吸法，当然都可以用自己熟悉的方式。

除了纯粹的呼吸之外，也可以带入一点点冥想或自我对话，例如在呼吸的时候，一边摸着自己的心跳，然后让注意力回到自己身上，并在心中想：我可以感觉到我的呼吸、我可以触碰到我的心跳。虽然我现在很生气，但我是有能力让我自己慢慢地，沉淀下来。只要我照顾好我自己，事情必定能够顺利地发展。

当父母对于调节自己的情绪很熟悉之后，有时遇到情绪起伏没有那么强烈的时候，就可以不用离开现场，只要“意念”稍微离开一下下，便可让自己的情绪稍微降温。

离开是为了保护关系，不是遗弃孩子

有很多孩子，因为父母的离开，反而引起更大的情绪反弹。为什么呢？

很多父母的离开，是带着“算了，我对你也无能为力了。我已经不想管你了，那你就自生自灭吧！”的心情。甚至有些父母的离开，是在展现一种对孩子关系的威胁，或是变相的情绪勒索，即“如果你不听话，我就要走掉”的心态。这种离开，往往给孩子一种“被遗弃”的感受，当然会带给孩子更大的情绪反弹。

因此再次强调，这里“离开现场”的目的，不在于惩罚孩子，而在于“帮助自己恢复到一个比较冷静、积极、有效能”的状态。

所以遇到这种状况，建议不妨在事前就与孩子先谈好：“有时候妈妈也会很生气，不小心对你很凶，你也不喜欢妈妈很凶，对不对？所以之后我们吵架的时候，妈妈会离开一下下，等我觉得比较不生气的时候，妈妈会回来找你。”

或者当父母在离开现场之前，也可以简短地跟孩子说：“妈妈现在要去房间冷静一下下，让生气的妈妈休息一下。5 分钟之后，妈妈会再回来找你。”

强调“我会回来”，甚至“多久之后回来”，都有助于父母在离开现场时，让孩子知道“妈妈现在不是要遗弃我，而是通过让彼此冷静的方式，帮助我们两个”。

而父母的情绪调节，对孩子而言，也是最好的身教。有趣的是，很多父母会发现这样的练习做久了，有一天会发现，孩子在某一次同样情绪激动的时候，也会学父母说：“我现在需要冷静一下。”

看——觉察自身情绪、孩子的痛点

当父母的情绪稍微被降下来之后，便可以把“觉察力”放回自己身上，问问自己：“刚刚的我，怎么了？我怎么会这么生气？”并在稳住自己、看清楚自己怎么了之后，才会开始有能力去看看孩子怎么了。

父母怎么了？

在觉察自己的情绪方面，我建议父母把“为什么每次孩子都不听话”转为“我被孩子踩到了什么痛点？”以下我陈列一些常见的例子：

孩子每次都不把房间收好——孩子不听我的话，让我觉得很无力。

孩子又一直缠着我要我陪他——我觉得好累、压力好大。

孩子又开始闹脾气了——我觉得我好像被孩子勒索，好像我一定要照他的意思去做，让我感觉很不被尊重。

因为管理情绪的前提，必须知道自己怎么了，因此要把注意力从孩子的行为转到“我的内在发生了什么事？我被踩到了什么痛点？”首先看清楚自己怎么了，才有办法进一步照顾孩子。

不过，孩子闹脾气是无可避免的，父母有情绪也是正常的。但父母必须把“管理自己情绪”的责任拿回到自己身上。

怎么说呢？很多父母表示：“孩子都这样子胡闹了，我能不生气吗？”你当然可以生气，因为生气是最原始的感受，不必压抑。但是父母在生气的同时也可以决定，是否要对孩子口出恶言反击，甚至打骂或不当体罚孩子，而这就是“把管理自己情绪”的责任拿回自己身上，才不会发生处罚过当，造成伤害的情况发生。父母也可以提醒自己：“或许我不能控制我的情绪产生（因为情绪反应是反射性的），但我能够决定，要用什么方式‘表达’我的情绪。”

孩子怎么了？

当自己情绪稳住后，就可以冷静去觉察孩子的情绪背后所隐藏的问题。在这里，就要应用之前所提到的思考方向：孩子的痛点在哪；为什么他会这么生气、难过、坚持；他的情绪想告诉我什么讯息？

父母必须要不断地细问自己这些问题，直到自己有一种“站在孩子立场、感同身受”的体会才行。举例来说，当我问：“孩子怎么了？”父母如果说：“他只是在逃避责任！”说明父母是站在自己的立场上在评断孩子；但如果父母可以体会到：“他其实对于自己要完成这些事情是很没信心的，所以不想写作业。”那么这就是站在孩子的立场去思考。

应——接纳与同理：帮孩子“说”出情绪

而当父母稳住自己，也了解孩子的处境后，就比较有能力回应孩子的情绪。

面对负面情绪，最重要的事情，就是接纳。接纳就是让情绪“如其所是”的存在。

怎么接纳情绪呢？同理其实就是最好的接纳

在同理这件事上，我想提出三个重点，一是同理，二是区辨，三是给孩子练习表达的机会。

同理：被懂，就会停止用情绪散发求救讯息

把人的内在想象成“一杯水”，如果里面全部都是“情绪”的水，自然难以装进“理性”的水。而“压抑”情绪也只是把杯子密封起来，但又不去管水（情绪）的来源是什么，自然会让孩子的情绪水库爆发、溃堤。

父母该怎么同理呢？

同理，就是“设身处地站在孩子的立场，像是他肚子里的蛔虫，直接将孩子的‘感受’说出口。”例如：“你的玩具被弟弟抢走了，你觉得很生气、不公平”“你觉得妈妈今天都没陪你，你觉得很难过！”重点不只是“感受到”，还要“清楚地表达出来，让孩子知道你懂他。”

情绪是有目的性的，而孩子在家中的情绪，往往是在跟父母发出求救讯息，表达自己受到威胁，或需求未被满足的情况。因此当你说中了孩子的心情时，孩子的情绪通常会降下来，或是从防卫的情绪，例如生气，转为脆弱的情绪，例如悲伤。

所以要了解孩子需求有没有被父母“听懂”，有一个很好的判断标准是：“孩子如果一直‘跳针’，重复一件事情或一句话，往往代表父母还没有真正‘听懂’孩子的心情。”这时，父母要再问问自己，孩子在意的究竟是什么？

当父母能让孩子深刻感受到“爸爸或妈妈懂我”，他自然就不需要拿着情绪的旗子大肆挥舞着，跟父母哭喊着：“我希望你们好好看看我！”

因为，能够被父母“听懂”的孩子，是幸福的。

区辨：我同理对了吗？

但有时父母会发现：“我已经好声好气地跟孩子说话了，可是他不只没有冷静下来，反而情绪越来越激动。”

而这样的现象，有三种可能：

（1）可能是父母没有同理到孩子正确的情绪。举例来说，孩子一直在闹脾气，说妈妈都不陪自己。但妈妈一直说：“我知道你很生气！”却没有让孩子的脾气缓冲下来。这很有可能在于孩子真正想要的需求，只是要妈妈陪着自己表达害怕、失望与难过的情绪。所以当妈妈说：“妈妈不在你身边的时候，会让你好害怕、好难过，怕妈妈丢下你一个人，是吗？”孩子这时才落下眼泪，投入妈妈怀抱。

（2）可能是父母在回应孩子时，口气不好。其实人跟人之间的沟通，非语言就占了93%，虽然父母讲：“我知道你很生气”，语气却是很不耐烦的，甚至让孩子感觉到：“你这么生气是没有必要的！”而这些没有说出口的情绪，孩子一定都会感受得到。

举例来说，我曾看过一位爸爸，很努力地上了许多成长课程，也看了很多书，还记了很多“正确同理孩子的标准句型”的笔记回家用，但我发现这位爸爸每次在说话的时候，鼻子都会吐出很大的声音，加上一个大大的白眼，让人感觉很“不屑”。这些不经意的动作让他的另外一半以及孩子感觉非常不被尊重，导致他的沟通效果不佳。这位爸爸其实一直很受挫，觉得自己这么努力地传达善意，却一直被曲解。后来才知道，原来是自己那93%的非口语反应在作怪。

（3）可能是孩子的“工具型情绪”。孩子生气或哭泣，固然是真实的，但不断地发脾气或哭泣的过程中，也有一个很重要的功用是“让父母注意到我”“想达到我的某个需求”。

举例来说，有个孩子一直哭泣，是希望妈妈不要离开自己身边。所以妈妈越待在孩子身边，孩子反而哭得越伤心。因为孩子知道，只要自己不哭了，妈妈可能就会真的离开了。

要判断孩子是不是使用工具型情绪，有个很好的判断标准是：“孩子有没有因为我的作为，而使他原本有的情绪，变得越来越夸张？”或者是：“孩子是否只会对某些特别的人物、情境，而有特别的反应？”例如：有的孩子只会在妈妈面前哭闹，而不会对爸爸耍赖。如果是的话，代表孩子可能在表达情绪的同时，享有额外的好处，可能是想要的东西，或是能够得到额外的关注（被处罚也是一种关注），让父母能够顺从自己。

如果孩子的情绪是工具型情绪时，父母要做的反应，就不再是同理，而是采取“保持关注的冷处理”，帮助孩子的情绪自然降温。

提供孩子练习表达的机会

父母若同理的方式正确，孩子的情绪就会慢慢地降下来。

而当孩子年纪越来越大、语言表达能力越来越好时，父母也可以保留或创造一些机会，让孩子练习“把自己的感觉说出来”。

例如：当孩子哭泣时，父母可以说：“发生什么事了？怎么流眼泪了呢？”让孩子用自己的话来说说自己的心情。如果孩子说不出来，父母再帮孩子猜猜看：“是难过吗？还是受委屈了？”最终目的是希望孩子能够表达自己的情绪。

为什么要教孩子“说”自己的情绪是很重要的事情呢？

因为情绪在人体内窜动，如果不说出来，孩子很容易只会用一种情绪反应，例如哭或生气。但如果孩子能够感觉并指认出来：“我现在流眼泪、鼻子酸酸的、胸口闷闷的，这些感觉就叫作‘难过’。”就能够帮助孩子意识，甚至处理这些情绪。

将内在的情绪指认出来，并学习如何去处理的过程，正是我们所谓的“情绪管理。”

孩子从很小的年纪就可以练习表达了。

我有一个朋友的孩子，仅仅一二岁，就能够在玩游戏器材时说出：“妈妈，不见，翔翔，怕。”表达出他看不到妈妈的害怕。但因为妈妈在旁边继续用声音陪伴着他说：“你会害怕是吗？你还想继续玩吗？”于是翔翔继续奋力地往前走，带着害怕的心情尝试玩游戏器材，并说：“翔翔，还要玩。翔翔，不怕。”

翔翔才2岁，就能够面对自己内在的情绪，而不是“哇”的一声大哭，困在那等着妈妈来拯救，并用语言鼓励自己前进并探索。而妈妈在过程中也没有“出手”帮忙，只是让翔翔感觉到有人在旁边陪伴。这样的陪伴，会让翔翔更愿意去尝试一些他原本害怕的事情。

而这种“说的练习”，尤其适合运用在行为较冲动，或因情绪困扰而衍生成行为问题的孩子。例如：因跟妹妹吵架而会动手打人的小孩，或是因为闹脾气在地上耍赖不动的小孩。

在心理治疗中，有一句名言叫：“能够说，就不会做。”所以，孩子能够说出“我对妹妹很生气”，就不会做出打骂妹妹的举动。

平常父母若能够持续地“镜映”着孩子的情感，也就是像镜子一样反映出孩子的内在感受，那么孩子就会慢慢地认识，并练习表达自己的感受，久而久之，便会增进孩子对于自己情绪的认识与表达，以及管理自己情绪的控制感。

放凉的艺术，保持关注的冷处理

情绪管理其实也分两种：一种是如上面所讲的，父母做出比较“主动”的反应，但也有另一个方式是“冷处理”。

这里的“冷”，并不是赌气或冷战，而是在情绪当下，让孩子被激发的杏仁核也可以稍微降温一下，使父母跟孩子都能从“低路—感性脑”恢复到“高路—理性脑”。

做法上，其实一样，都是在冲突当下，离开现场、转移注意力、数数字、深呼吸等，只要有效即可。如果父母亲调节自己的情绪有效了，自然能够教孩子，怎么合宜地控制自己的情绪。不过，在“冷处理”这边，我想介绍给父母一个好用的工具——安静角。

何谓“安静角”

在简•尼尔森的《正面管教》一书里，也将“安静角”称作“积极的暂停”，强调这个“暂停”有“积极”的功能。

做法是：当孩子有情绪的时候，可以让他去一个他觉得安心的小角落，在这个小角落里头，孩子可以尽可能地做一些让自己舒服、开心的事情。

举例来说：有的孩子会在他的角落里头玩玩具，有的孩子会去洗香香（洗澡），有的孩子会躲到他的一个小小秘密基地，里头有他最喜欢的玩偶陪伴，在那边跟玩偶、跟自己说说话。

注意！这个安静角，不是用来“隔离”孩子，更不是用来“处罚”孩子不听话的。反过来，是创造一个空间，让孩子可以安全地去面对与处理自己的情绪，只是这个面对，并不是“父母在旁边一直同理跟反应”，而是让孩子“用自己的方式安抚与处理自身情绪”，消化自己跟父母的冲突与紧张。

而在操作上也有一些小地方需要注意：就是必须先跟孩子事先讨论“安静角”的意义，以及万一当孩子拒绝安静角时，该怎么处理？

事先讨论“安静角”的意义

父母在平常跟孩子还没有冲突的时候，就需要先跟孩子约定好。例如：父母可以跟孩子说：“美琪，你还记得昨天我们因为某某事情而争执吗？当时我们两个人都很不开心，常常没有办法好好讲话。所以我们下次又不开心，没办法好好说话的时候，可以找一些方式，先让自己好过一些。”

接着就可以提出“安静角”的这个概念。并说明这样做的目的不是惩罚，而是要让彼此都觉得好过一点。甚至可以取一个有趣的名字，如“美琪的秘密宇宙飞船”，创造一个属于孩子的专属空间。

有个具体地点的好处，是可以让孩子一进到这个角落或空间，马上就能体会到放松与开心的感觉。人是非常仰赖情境线索的，如果每次在安静角，都能够让孩子感觉到放松，因此在情绪激动的情况下，进到安静角是非常有助于孩子快速地调整自己的情绪的。

当然，安静角的做法也可以有一些弹性，不一定是具体的空间，例如做做深呼吸等自我调节动作，在某种程度上也是心理上的安静角。但不论是什么，只要掌握一个大原则，就是在孩子情绪很激动的时候，可以帮助孩子用他熟悉的方式让他先平稳下来，才有机会做下一步的沟通。

当孩子拒绝安静角时

安静角并不是处罚，但当孩子年纪比较大，或进入青春期时，会觉得这种方式很幼稚。也有的孩子从一开始就认为父母的这种方法，是另一种形式的惩罚，而心生排斥感，并反驳说：“我才没有情绪！有问题的是你！”或是直接拒绝说：“我不要！”

父母这时也不需要强迫孩子，否则只会陷入另外一种权力相争。只要以退为进地跟孩子说明：“那我会去‘我自己的秘密基地’待一阵子，因为我也想让自己好过一点，然后再来跟你说话。等你觉得好一点之后，你再来找我。那时候，我们再来好好谈谈。”

在这个过程中，只要把握着“决定自己要做什么，而不需要求孩子该做什么”，就不容易陷入权力相争的冲突中。

放凉的好处

当父母用安静角来冷处理孩子的情绪时，会发现有不少好处：

首先，父母可以发现孩子其实“有能力”处理自己的情绪，不论是父母对孩子，或是孩子对他自己的情绪处理都很有信心。

父母也可以在孩子情绪已经稳定下来之后，让孩子知道父母其实是关心着他的：“刚刚你在哭的时候，妈妈一直在旁边看着。可是那时候你太难过了，所以我好像怎么说，你都听不进去，所以我就在旁边等你。”反映出孩子其实有能力处理自己情绪的部分：“我看到你一开始很难过或很生气，后来你慢慢地冷静下来了，好像没有那么难过或生气，也比较能够听妈妈说话了。”

其次，也可以避免孩子的情绪变成工具型情绪。也就是当孩子哭泣或生气时，是为了争取“附加价值”：爸妈会因为我哭或生气，就过来关注我；即便是骂我，我至少不会被忽略。如此一来，父母反而要花费更大的力气去跟孩子对话。而通过安静角的冷处理方式，父母可以在事后，等孩子比较冷静时才跟孩子对话，这时孩子比较能够学到：“当我情绪比较平稳地说话时，别人也会愿意跟我说话。”

心理师与父母的暖心互动

其实在教导孩子管理情绪的同时，身为父母的我们当然也要自己先走过一段。也就是说，父母本身也不能够太害怕情绪，对于情绪的认识、表达、处理不太陌生，才有办法去回应孩子在情绪上所遇到的所有问题。

主动出击 VS 被动等待的判断

关于情绪管理，到底什么时候父母要“善用同理，主动出击”？什么时候要“放凉冷处理，被动等待”？其实是需要依靠父母的智慧来协助判断的。因此，关于这个部分，我有三个建议及考量：

（1）考量孩子的年纪：年纪小一点，父母的反映可能会多一点；孩子成熟一点，就可以多让孩子练习表达，或调节自己情绪。

（2）考量孩子的情绪是不是工具型情绪，也就是每次反映孩子的情绪，总是要花很大的心力，而且还越来越麻烦。如此一来，就可以试试用“放凉”的冷处理方式，先让孩子缓和自己的情绪。

（3）考量父母自身的状态：如果父母还有很大的心理空间时，当然可以多做一点。但若发现自己也已经有情绪了，父母自己也应该先去“避避风头”。

学习面对自己的情绪

如果父母对于自己的情绪太过陌生，努力了很久，自己还是很容易情绪暴走，可以试着跟信任的朋友或伴侣讨论：“我刚刚是不是很激动？刚刚我发生什么事了？”或是试着找一些自我成长课程，或谈几次心理咨询，了解自己怎么会“知道了，但却做不到”。

情绪管理，绝对不是一件轻松、容易做的事情。不过话说回来，如果连父母这样“受过教育”“拥有发展成熟的前额叶（负责冲动管理）”的大人都无法做到的事情，我们又该如何教导孩子，变成我们想象中那种“理性、成熟、稳重”的样子呢？

Chapter 3

破解孩子状况，教养之路不卡关

在清楚了解教养孩子时的一些观念及心法后，接下来会针对目前常见的孩子状况，做更具体的说明与解释，以及明确的应对方法。相信通过这些反复练习，不但能解决你与孩子的问题，更能看见你与孩子的潜能，重现家庭的和乐氛围。

13 总是长不大的“巨婴型”孩子

什么是“巨婴型”孩子？就是在心态上长不大的小孩，老是希望父母能帮忙解决所有事情。面对这样的小孩，父母能够给的最大礼物，其实是“放手”及“相信”。

什么是巨婴型孩子？有什么特征？

第一次见到建华，是在开学后一个月。

导师气冲冲地跑来辅导室跟我说：“他真的是个很难沟通的孩子！作业经常不交，上课又常迟到，要他一起做打扫工作，他也一副爱理不理的样子，我看他分明是要跟我作对！”

本来以为他是个很高傲的孩子，后来见到建华本人，发现他像是卡通人物般，有个胖嘟嘟的脸颊。建华第一次看见我的时候，也没有打招呼，就只是眼神低看着地上，害羞的样子不像是老师口中的叛逆份子。

后来慢慢地跟这位孩子聊，发现建华是一个非常没有自信的孩子。在班上没什么朋友，因为不知道要怎么加入别人的话题，总是独来独往，课业也常常跟不上。在人际与学业的双重挫折下，他渐渐地不爱来学校，时间一久，课业越来越跟不上，跟同学的相处也越来越困难。

孩子的问题是有趋势的。现在这个时代，最常见到的类型之一就是“长不大的孩子”。如果要给这样的孩子一个形象，我会形容这样的孩子是“巨婴型”的孩子：身体虽然长大，但心理还是像个大婴儿一样。

巨婴型的孩子有什么特征呢？

1. 外形

他们外表常常看起来像是婴儿般圆滚滚的。但通过进一步的接触，会发现他们没什么自信，也缺乏面对现实生活中挑战与压力的勇气。

2. 挫折容忍度低

巨婴型的孩子在客观上的聪明才智或能力不一定是差的，甚至我也遇过有些巨婴型的孩子，在某些擅长的科目可以拿到100分。但他们在面对挫折时，常常会因为不知道该怎么面对，所以就会躲起来。在学业上，可能不交作业、不去上学；在人际上，也开始跟朋友渐行渐远；在生活上，很容易半途而废或不愿意去冒险。若硬是要贴个标签的话，可以称之为“挫折容忍度很低”的孩子。

3. 对自己的逃避与无能感觉痛苦

然而，对孩子而言，无法面对现实生活中的挑战，例如总是要被催着交作业、总是交不到朋友，本身就已经是一件很挫败的事情。更痛苦的是，孩子也知道自己总是在选择“逃避”，从而看不起自己、对自己没信心。

但每当我说：“这样的孩子，其实是很痛苦的！”却有很多人会质疑：“孩子不用写作业了、很多事情也都不要求了，孩子到底还有什么压力？”

的确，他们逃避掉了一些责任，但最主要的压力并不是来自于这些“外在的要求”，而这些外在的要求，会勾起他们面对过去那些挫败经验时的无能感。毕竟外在的要求可以“被完成”，可是内在对自己无能的厌恶，却是摆脱不掉的。

也就是说“巨婴型的孩子对于自己的‘无能’，其实是非常痛恨且痛苦的”。而这份“我觉得我无法完成这些挑战与任务”的无能感，才是巨婴型的孩子，要面对的最大挑战。

这一点非常重要！因为很多巨婴型的孩子，常常会被周遭的人视为“你怎么总是在逃避责任”“如果赶快把该做的事情完成，就不会被骂、被处罚了啊！”尤其我们这个社会基本上是崇尚“负责任”这个价值观，这种责备会更加强烈。

如果父母看到孩子总是做不到那些看似简单的事情时，就会非常着急，而加强“碎碎念”的力道，希望孩子能够赶快完成自己那些功课，或生活上的种种杂事。

但若能够站在孩子的角度去看孩子的“不做事”，或许就可以知道，其实他们的逃避，是在说：“面对这些挑战，我真的好害怕、好痛苦！”甚至是一种求救：“我不知道该怎么办！我真的好需要你的帮忙！”而当孩子逃避得越强烈，也代表孩子的痛苦指数，或许已经超乎你的想象！

“巨婴型”孩子的家庭

最典型的巨婴型孩子的家庭，在生活上是“父母做太多、孩子不用做”；在情感上是过度保护孩子。另外，过度不切实际的赞美，也会让孩子无法真实地去看见自己的样貌，反而让自己更没信心。以下针对这三个部分再详细说明：

1. 父母做太多、孩子不用做

专门收集中国明清时代的笑话集《笑林广记》里头有一个非常经典的故事：

有一个懒女人叫作“兰花”，她生活的大小事全靠丈夫一手包办。有一天丈夫需要出远门，怕太太饿死，所以特地做了一个大饼，这个大饼中间有一个洞，刚好可以让大饼套在脖子上，避免兰花饿肚子。

然而在丈夫出远门回来之后，才发现他的太太已经饿死在家里足足三天了，丈夫发现，他的太太兰花因为“懒”得移动，所以只吃了靠近嘴巴的那一小块饼而已。

很多父母希望能够“给孩子一个无忧无虑，可以好好安心学习的环境”，或是“这些家事让你来做，太花时间了，干脆我来处理就好”，所以自然而然地把生活中的大小事自己揽起来，为孩子代劳。

当孩子愿意主动完成一些事情，甚至愿意帮忙分担父母或家里的事情时，其实在内心会产生一种“贡献感”，而这种贡献感，会让孩子对自己更有自信。

我再次强调“主动”这件事。其实当父母单方面的要求或规定孩子做事时，很容易陷入一种权力斗争：“究竟要听谁的”，从而产生排斥感。但是当孩子发自内心“主动”且真的去完成某件事情时，反而容易产生成就感。

所以我常在演讲时呼吁：各位父母啊！你们常常帮孩子做事，让他在生活上比较轻松，这原本是很良善的用意。但却让这孩子在心灵上感到匮乏，因为你同时也“剥夺了孩子的贡献感”。

有贡献感固然是好的，但人性也有贪懒的那一块。对孩子而言，当然也会有种“既然有人帮我做事，我何乐而不为？”的心态。所以重点是，父母有没有创造或维护出一个孩子可以去帮父母忙的空间与机会。

讲一个我小时候的实际经验：

记得我已经上了小学二三年级，却还不知道“原来热了要脱外套、冷了要穿衣服”，常常穿着外套把自己闷得满身是汗，而寒流来的时候还穿着短袖、短裤到处跑，导致我小时候很容易感冒。为什么呢？因为当时我被照顾得太好，身边永远有一个类似保姆阿姨的角色可以照顾我，帮我决定何时要穿脱衣服、要吃什么，我完全不用思考怎么照顾自己。到了最后，甚至我连自己身体的冷热、感受都失去了。

当这些照顾变成一种“理所当然”时，孩子也会渐渐失去身为一个人，可以自己做事情，甚至自我决定、负责的能力。

最后，就会陷入“父母做太多——孩子什么都不用做——父母做更多”的负向循环。

2. 在情感上过度保护孩子

巨婴型的孩子，不只在生活上缺乏能力，在情绪上也没有办法自我支持，甚至没有办法与父母分离：跟父母在一起的时候，可以非常可爱、无害，但只要一离开家里、离开父母身边，就会状况百出。

要不然就是，孩子在父母身边，问题百出、极尽耍赖之能事，但是一脱离父母身边，去到学校或跟其他人相处时，看起来几乎没什么异样，让人无法相信在家中竟然是个小恶魔。

不论是哪种状况，父母像被“诅咒”一般，会想把孩子接回自己身边照顾，不希望他受到一点伤害。这是因为父母本身也有一股很强烈的“被孩子需要”的需求，通过照顾孩子、保护孩子，去感觉自己其实是有价值的。

在生活上，需要为孩子操心、照顾的事情很多；但在心理上，父母其实是不放心孩子可以自己独立的，他们把孩子想得太过脆弱，仿佛孩子禁不住任何一点挫折。

所以当孩子真的在生活上做不到时，父母仿佛就可以成为解救孩子的救世主，从中得到一点成就感：果然孩子没有我，还是不行。由此可知，这样的父母其实有更多的成分，是利用孩子照顾自己的焦虑，甚至是满足自己“当一个好妈妈”的全能想象。

孩子也像是没有枝干的藤蔓一般附生在父母身上，依赖着父母，并很合理地选择“我不要长大”。因为只要长大，父母就不会像过去一样，帮自己解决很多问题，承担起原本是自己应该要承担的责任。

3. 不切实际的称赞，导致孩子错乱与挫折感

看到芷婷的时候，常常会有一种很矛盾的感觉。个子小小的，眼神不太敢看着我，但讲起话来，却可以侃侃而谈，乍看之下好像很有自信。芷婷常说自己未来想做一番大事业，这次说要去当歌星、下一次说要当总统、再下次说要当艺术家。然而每次要跟芷婷谈到学校生活适应的状况时，芷婷则会理直气壮地说：“我其实不是不能回到学校，只是我觉得学校学的东西，都太没有意义了。”

但听老师说，芷婷在学校的适应能力是很差的，她不知道怎么跟同学相处，很多学科的表现也只是差强人意。芷婷仿佛活在她自己想象出来的粉红泡泡里，没有人敢把这个泡泡戳破，可能害怕泡泡破了，孩子也跟着被碰碎了。因为对芷婷而言，在泡泡外头的那些挫折与不知所措，是多么地巨大而恐怖呀。

这种我称为“自恋型巨婴”的孩子，总是躲在自己的粉红色泡泡里，而他们的父母，有时也不敢让孩子承受现实生活中的挫折，因为害怕孩子会因此被现实击碎。不只如此，有的父母为了怕孩子受挫，甚至会给予过多且不切实际的称赞。

例如：当孩子小时候，才写下一个国字时，父母就会大声地说：“天哪！你怎么可以写出这么漂亮的字！我的宝贝果然是最优秀的！”甚至在孩子“还没有做好”某件事的时候，父母便说：“我知道我的宝贝一定是非常棒的！只要有心，什么事情都能够完成！”因为有的父母会觉得，这样子会给孩子自信。

但实际上，这样的称赞反而会让孩子有一种错乱感，因为他内心会很困惑，自己其实并没有真的做到那么了不起的事情，何以自己的爸爸妈妈的反应竟然会那么大。

其实每一个孩子对自己多多少少会有一个自我的标准在，爸妈的反应太过夸大或者不切实际，反而会让孩子不相信自己内心的感觉，从而没有自信。当孩子出去面对现实生活中的挑战时，也会无所适从。因为孩子会很困惑，为什么在家中，随随便便就可以被称赞，为什么在外面的世界，却那么地困难，而使挫折感油然而生。

过度称赞孩子的父母，其实内心对自己也是不够自信的，于是把心中那个“希望被肯定的渴望”投射到孩子身上，最后变成给孩子过度的肯定。

如何面对巨婴型的孩子？

面对巨婴型的孩子，身为父母的我们要如何对症下药？我觉得可以从三方面着手：把责任还给孩子，让孩子体验贡献感与成就感；遵守放手的两项简要准则；让孩子从犯错中学习长大。

1. 把责任还给孩子，让孩子体验贡献感与成就感

会养出巨婴型的孩子，是因为父母把孩子的责任抢来扛在自己身上，让孩子可以不用负责，也学不会去面对挑战、无法从中得到成就感或者从挫折感中学习、也无法培养面对失败的勇气。

因此最好的方法，就是父母必须把责任还给孩子，让孩子可以自己去面对，原本就是他应该要自己去面对的挑战。把选择权还给孩子，并且让孩子为自己的选择负责。

我举出我的例子：

在我的生活中，或许被呵护得太好，所以连穿脱外套都无法自己判断与决定。但是在“读书”这件事情上，我父母却是给了很大的空间。印象最深刻的是在我上小学时，他们曾告诉过我：“念书是你自己的事情，你要努力一点，得到一个好成绩，才有比较高的概率找到好工作，那是你的选择。如果你要浑浑噩噩地打混过一生，考了一间很差的学校，那也是你的人生。”

当我爸妈这样告诉我之后，就没有再针对我的考试成绩，或是否有按照自己的进度读书，做任何干预，也不会在我打混放松，看电视、玩游戏的时候，做任何的责骂或是提醒。

他们顶多就是看看我在做什么、提醒我早点睡觉、要照顾眼睛跟身体，或是在考完试之后，在成绩单上面签名，但不会做任何的评语，包含称赞与贬低。

我爸妈或许不是有意识地对我采放任式教养，也可能是因为他们太过忙碌，以至于没有太多时间管我。但的确这样的态度，让我从很小的时候，就能够为我自己的读书生涯做选择，负起属于我的责任。

反过来说，我看到很多扛不起责任的孩子、总是贪懒的孩子，都有一个过于操心、过度介入的父母。而且很矛盾的一点是，父母嘴上总是说：“希望孩子负起责任”，但在行为上却是“帮孩子一手包办”。

嘴上说：“你快点收拾房间！”却手脚麻利地收拾起孩子的房间。

嘴上说：“你赶快去学习！”但又三不五时不间断地督促孩子学习，却没有给机会让孩子“自我督促”。

嘴上说：“你要准时上学！”却又帮孩子请假，甚至编造请假的理由，并在家提供一个让孩子很舒服的环境。

嘴上与行为上的矛盾，孩子感受到的会是哪个部分？当然是行为上，父母代替孩子完成的这一块。

而且一边说，但又一边帮忙孩子做事，不只在行为上无法让孩子负起责任，更会在亲子冲突时，造成孩子的反抗感，容易陷入亲子之间的权力相争。

这样的父母，心里会散发“改变”孩子的企图，孩子一定会感受到，从而产生“我知道你说的是对的，但如果我听了你的话，就代表我输了”的心情，导致他就更不可能、也不愿意完成父母所期待那些该做的事情。

2. 父母学会放手的两项准则

我知道在教养孩子的过程中，要父母不要唠叨是一件很难的事情，但把握住以下两个准则：说了就不要做、做了就不要说，以及要说就尽量说。

(1) 说了就不要做，做了就不要说。如果父母真的还是忍不住要说个两句，记得采取“说了就不要做、做了就不要说”的原则。

说了就不要做，是为了不要让孩子感觉到不一致，否则孩子会觉得“好像父母不论怎么说，还是会帮自己完成事情”。要让孩子自己去承担自己行为的后果，例如“没有洗餐盒，隔天就没有干净的餐盒装食物”，也就是之前所提到的自然后果与逻辑后果。

至于做了就不要说，除了避免亲子之间陷入权力相争的后果外，其实当孩子的，会把爸妈的行为看在眼里。当孩子看到父母做很多，但自己却没有任何付出时，也会心生“歉疚感”，他主动地想要帮忙做一些事情。但当爸妈开始唠叨时，那些歉疚感反而会烟消云散，开始心生厌烦。

（2）要说就尽量说。这也要掌握两个原则：一是不要超过一分钟；二是不要一直讲重复的事情。

但身为父母，往往没有那么好的自制力，有时候情绪上来，很难不口出恶言，造成亲子关系紧张。因此，如果发现自己已经在重复讲同样的事情，代表现在所说的、所做的事情，其实是纾缓自身焦虑，白话来说就是“骂爽”的成分比较大。

因此，这时最重要的就是要“意识到自己正被焦虑或情绪淹没”，导致自己一直说、开始跟孩子有冲突，而这时最好的解决方法就是离开现场。

我曾经遇过一个家长，他非常关心他的孩子。但这位家长在原生家庭中是长子，从小就是爸妈的得力助手，习惯把所有事情都处理好，很难忍受孩子的拖延，因此每当孩子开始拖延、不积极时，就会止不住地说，甚至引发严重的亲子冲突。

这时我建议这位家长：“真的要说你的小孩，可以说个一两句就好，说完就转身帅气、潇洒地离开，如果你能够照我这样做，你跟孩子的关系一定会有所改善。”当下家长半信半疑，我再补充说：“反正你现在说成这样，他也不理你嘛，你就当作实验吧！”下一次我们见面时，家长说：“老师，你说的方法果然有效！他那天还主动过来跟我说话、问我在干吗！”

其实道理很简单，只是先让家长从跟孩子的战场中撤退，改变原本“父母追、孩子逃”的互动，关系自然就不再那么紧绷。

3. 让孩子从犯错中学习长大

其实在孩子长期过度依赖父母的关系里，当父母要“放手”时，孩子是会反抗的，例如会用很强的情绪来抗议，像是严重地抗拒或是对父母生气等等。而这些情绪，会让父母误认为必须再回去照顾这个巨婴，导致孩子与父母再经历一定程度的动荡与混乱。

为什么孩子会有这些“抗议”呢？

首先，孩子害怕失去特权。前面提到，人性中有个贪懒的特性，有人服侍自己，何乐而不为？因此当孩子感觉到，父母坚定地要把责任还给自己的时候，孩子一定会极尽所能地耍赖与测试，想要把父母拽回来，让自己可以不要长大。

再来，父母的放手、想让孩子独立，也会挑战到孩子的“自我价值”。长期过度依赖父母的巨婴孩子，心中有个错误的信念是“当你照顾我的时候，我才是有价值的”。所以当孩子太少有机会为自己负责时，一旦犯错便会认为那个犯错的自己是很不好，甚至不堪的，会威胁并挑战到自我价值。同时，孩子也会害怕失去关系，害怕父母不再照顾自己，甚至像是要丢下自己一样。因此当父母要孩子独立时，对他们来讲，其实是失去自我价值，以及失去父母对自己的照顾与关爱的双重打击。

所以，让孩子长大的最好方式，就是在平时就要让孩子去尝试，并且从错误中去学习。

心理师与父母的暖心互动

放手让孩子长大，对父母与孩子都不是容易的事情。

我们每个人都有“亲密”与“独立”两个需求。在孩子小时候，父母跟孩子黏腻在一起是舒服的，是可以满足“亲密”的需求；但随着年纪渐渐变大，进入青春期左右，“独立”的需求会慢慢显现，当父母的“大孩子”这件事，会渐渐变得没有那么舒服，因为那会限制了“独立”的这个需求。

巨婴型的孩子，内心是矛盾的。他们一方面虽然享受父母的照顾，但另一方面，却对自己没有自信，甚至痛恨自己的长不大；而父母也同样有这样的矛盾心情，一方面希望孩子赶快长大，另一方面又希望孩子“永远是那个最可爱、需要我的孩子”。

我认为在“长大”这个议题上，父母能做的，其实是安顿住自己“放不了手”的焦虑，然后试着把孩子的责任还给他自己。父母在面对巨婴型的孩子时，能够给的最大礼物，其实是“相信”。

14 自我要求完美的“玻璃老鹰型”孩子

报纸媒体有时报道优秀的孩子，因为学业或其他方面的压力过大，最后选择跳楼、结束自己生命的例子。身为父母该怎么做，才能避免孩子走向这条路呢？

你是完美主义者吗

皓宇在学校总是闷闷不乐，而这次月考结束之后，他自己一个人闷着，在座位上偷偷地啜泣，所以被带来辅导室。因为这次月考，他只考了全班第二名。

老师见到我时，是这样描述皓宇的：“他是一个非常认真的孩子，对每一件事情总是全力以赴，尤其是在学业上，总是花比别人多好几倍的时间学习。但他却有一点……，该怎么说呢，不是很知道该怎么跟同学相处。”

当我见到皓宇的时候，他低着头告诉我：“老师，请教我怎样才可以让成绩变得更好！”我一方面先肯定皓宇的决心，一方面也去慢慢了解，为什么皓宇对自己有那么高的期待，以及当他做不到他自己心中的期待时，是怎么样自我责怪的。

后来才发现，皓宇有一个非常优秀的姐姐，当他到学校里，最常听到的一句话是：“你姐姐很优秀，你也要向姐姐看齐哦！”在家里，父母也常对皓宇说：“你要向姐姐多学学！”

虽然身边的大人，都是希望通过这种比较的方式“激励”皓宇，但无形之中却造成皓宇的压力。虽然这压力，能够给皓宇一些动力，让他可以主动学习。但也会让皓宇面对考试的时候，得失心变得非常重：考差时，会带来非常巨大的挫折感，让他对自己非常生气。甚至长期下来，皓宇的情绪，反而阻碍了自己能够安心地好好学习的稳定心情，常常觉得自己像个快要胀破的气球般，在濒临崩溃的边缘。

完美主义指的是凡事不断追求最高要求，希望事情总是能做得尽善尽美的性格或是习惯。

乍听之下，会觉得完美主义的人，似乎是人生胜利组，什么事情都做到尽善尽美，好像没有什么难得倒他们。但在心理学里，“完美主义”这个词并不是一个纯粹的好词，心理学家还将完美主义者分为两种：表现正向的顺应型完美主义（Adaptive Perfectionism）和负向的顺应不良型完美主义（Maladaptive Perfectionism）。

完美主义的顺应型及非顺应型

简单来说，顺应型的完美主义者，例如某些艺术家、研究家、运动员，能够因着完美主义而带来非常极致的表现，有些学者并不认为这是典型或真正的完美主义者。

顺应不良型的完美主义者，则会给自身带来更多的困扰，甚至常常定不合理的目标，从而时常因为无法达到自己所定的目标，感觉到大量的挫败以及痛苦。甚至会因为常常感觉到“自己不够好”，以及“自己的错误是个人的缺陷”而感觉痛苦。即便自己完成了某些事情，也会觉得这些事情是理所当然。

完美主义者最大的两个习惯是过度自我批评、否定，以及过度在意他人的评价。有的完美主义者也会把这个高标准套用到其他人身上，在跟别人相处时，也常常在心里面偷偷评价其他人，形成了糟糕的人际关系。

传统教育底下的完美主义

我高中就读于排名第一的台南一中，成绩全班第二名；台湾大学心理系毕业，也顺利考上台北大学心理与咨询研究所，也是台湾咨询所里排名第一、第二的。在这样所谓的“精英环境”中长大的我，可以说很清楚、熟悉“第一”的孩子长什么样子。

但我想问问各位父母：“你认为大多数第一的孩子，对自己是有信心的吗？”

我在求学阶段中，看过有同学在拿到考卷的时候，双眼发着火，把考卷撕碎，因为他非常气自己怎么考了那么差的分数。但生气完了，他一片片地用透明胶带把考卷拼回来，也要求自己一定要“订正”考卷，确保他每一题都会。即便他是班上永远的第一名。

我也听过建中、北一女，以及台大的学生，因为学业或其他方面的压力过大，最后选择跳楼、结束自己生命的例子。即便以学业表现来看，他们已经胜过社会上绝大多数的人，但对自己有非常负向的看法，觉得自己永远都“不够好”，或是一直在“如果我不够好，我就不会被喜欢”的压力下生活着。

其实完美主义的孩子，在升学主义的教育环境下并不少见，特别是对于学业容易患得患失。而身为完美主义的人，有时候很难被意识到，或者被改变，因为我们所处的环境及整个社会氛围都期待这样的自我要求：勤勉、忍耐、自省、变得卓越、有竞争力等，以符合这个社会对“优秀”的定义。

因此完美主义，有时候不只是教养的方法，更是一种价值观的冲击。

自我要求，想要把一件事情做好，绝对不是坏事，因为产生一种愿意让自己改进、卓越的动力是很好的事情，但是当这种动力变成一种完美主义的时候，则会让孩子陷入过度自我要求的困境。

“玻璃老鹰型”孩子是什么样

这些成绩第一、各方面表现优秀的学生，客观上来说，长大之后往往有不差的成就。而高成就的他们，有一些的确对自己拥有饱满的自信心，但也有一些孩子尽管表现优异，却是战战兢兢地害怕自己失败，甚至对自己很没信心。

那么，关键点在哪呢?

关键点不在于这些孩子多么成功、优秀，而在他们“如何面对失败、挫折”。而我称那些表现优异，但却一直害怕自己不够好的孩子为“玻璃老鹰”：

远远地看，在阳光底下，闪闪发亮，但却需要一直在天上奋力展翅飞翔。他们耀眼，所以他们更不敢“停下来”，他们甚至不敢落地，怕沾上了“尘土”、不再耀眼。但也因为很少落地，一旦力道抓得不好，会不小心摔得粉身碎骨。

太少接受挫折，缺乏应对的勇气

玻璃老鹰型的孩子，他们很少遇到挫折，所以不知道挫折是什么滋味。他们甚至不知道“有一个小小的挫折，并不会让他们的人生，全盘皆毁；他也不会一无所有；身边的人也不会因此不爱他、讨厌他。”

有的人会因为自己的表现而贬低自己，这是一种思考习惯：习惯用一种比较功利的角度，片面地判断一个人的价值。但他们并不知道，这不是自己需要承担的。

表现优异固然是一件令人值得开心的事情，但玻璃老鹰型的孩子，却因为习惯性地待在那个“优越”的位置，所以他们把“表现得好”当作是理所当然的。而喜悦有时候像是“毒瘾”一般短暂。

因为随之而来的，是他们的恐惧：“下一次我是不是还能够继续表现得那么好”“如果下一次我做不到，该怎么办”。

能力够的人，很不幸地，他们可以一直持续地维持“很优秀”的形象。为什么说很不幸呢？因为我认为，在人生的早期，若能够让孩子自然而然地接受挫折，他们对自己、对这个世界，会产生更真实的认识。举个例子：

“当我很努力、很努力的时候，有时候事情仍旧没有办法如我所愿。那并不是我的问题、我的错。”

“当我有些事情做得不好，同时，我也有一些其他事情是可以做得不错的。我不需变得完美，因为那是不可能的！但我仍旧可以是一个很有价值的人！”

这些都是在孩子遇到挫折时，很重要的“自我修复”的想法。

所以有些玻璃老鹰类型的孩子，他们人生遇到的第一个挫折，并不是在学业或工作上，而是在人际或感情上。

因为有时候人跟人的关系，并不是像学业一样，“我很努力、很努力，就一定能够让事情变好”。于是在这些时候，孩子会遇到更大的挫败感与无力感。

一直处在“觉得自己不够好”的感觉

没有人发现，其实他们对自己是很没自信的。甚至有些优秀的孩子在公开表示自己没什么自信、也有脆弱的一面时，其他人的回应几乎也都会是：“你都表现那么好了，你都没自信了，那我该怎么办？”

这样的回应，只会让这群孩子感觉到很孤单，因为没有人懂他们那种“即便我看起来很优秀，但我仍旧觉得自己不够好”的感觉。

这也会让他们对自己更加混淆，他们会想“对啊！我表现那么好，为什么我还是那么地没信心呢？”甚至有的人或许就会开始归因于“可能是因为我的表现还不够好吧？”从而陷入一种更加逼迫自己的恶性循环。

“玻璃老鹰型”孩子的家庭养成

而这种自我要求很高，或完美主义者的玻璃老鹰型孩子是如何养成的呢？我分为四个层面来探讨：父母对孩子“一定要优秀”或“你不够尽力”的要求、孩子的天生气质，以及孩子期待自己能够让父母满意的愿望。

1. 受到“一定要优秀”的禁锢

很多玻璃老鹰型孩子的父母本身也是高成就的，举凡社会上所崇尚的职业：老师、医生、律师、高阶主管等。这些父母深知“如果外在成就表现得好，在社会上可以得到非常多的好处”，因此他们爱孩子的方式，就是希望自己的孩子也能够“走自己走过的路”。

也有些父母是深刻地体验过“如果表现不好、不够优秀，可能会被看不起，这些社会的人情冷暖，让我好痛苦”，而这种情况常常是发生在“一开始白手起家，或奋力打拼、突破困境才有机会到现在这番成就”的父母身上。这是因为，这类父母内在一直有一个很深层的“自卑感”，就是“我不要再让我自己有机会去面对那些被贬低、被嘲笑的不堪情境”。投射到孩子身上，就会变成“所以我不要让我的孩子，跟我当初一样，也遭遇这种处境”。于是在无形之中，就会传递一个观念：你必须要优秀！从而造成孩子心理上很大的压力。

2. “你不够尽力”的困惑

当然也有另一种看起来没那么功利的期待，但仍旧会给孩子压力，就是父母虽不要求优秀，而要孩子尽力。

其实“尽力”这个词，也挺吊诡的。有时候，尽力是一个很好的用词，因为代表“我已经发挥了我的潜能，我也能够接受自己以及各方面的限制，表现虽然不好，但我对自己已经很满意了”。

但有的时候，当父母说：“你只要尽力就好。”听在孩子耳里，也会变成“如果我做得不够好，是因为我不够‘尽力’”。而背后可能隐含的是“只要我没有达成目标，那就代表我不够勤奋、我太过懒惰”的想法，甚至给自己贴上一个根深蒂固且负面的“性格”标签。

也有的父母会说：“你这次考得不够好，是因为你不够努力、尽力，如果下次再用心一点，一定能够考好的。”或许站在父母的立场，认为这可以传递出对孩子的一种“勉励”，但有的时候，却也让孩子感觉困惑：这次考试，我已经非常非常认真了啊！可是为什么还是考不好呢？从而导致孩子心里更加受挫、更加不知所措。

其实父母这时应该去思考的是：有没有可能，孩子不是不够用心，而是因为读书方法错了？或是因为这次考试太过困难，或考的范围太偏了？或者是最近身心状况不好？……如果太快把错误归咎到孩子自己“不够尽力”上时，反而会失去一些发现真正原因而去协助孩子改正的机会，甚至让孩子对自己的感觉更加挫败。

当然，再次强调，爸妈并非要小心翼翼地呵护着孩子，不要给孩子压力，或者变成字斟句酌地修饰对孩子的用语，而是在亲子互动时，有很大一部分，必须端看孩子的反应与解读：如果孩子不是自我要求高的类型，几句提醒或表达父母的期待，也是人之常情、无伤大雅；反之，才需要多加注意。

3. 孩子的天生气质

也有的父母会说：“可是我对孩子并没有那么高的要求啊，为什么他对自己的要求那么高呢？”我会分为两部分来探讨：一种是父母的确有一些自己的标准或价值观，在跟孩子互动过程中无形地传递出来而不自知，例如“你有没有尽力”等；另一种则是孩子“天生气质”的关系。

在前面章节就有谈到孩子的九种天生气质，也就是每个孩子生下来就拥有自己的个性，例如：有的孩子原本就是自我要求比较高的，做事情总是习惯做得比较精细、谨慎；反之，有的孩子就是天生乐天派、迷迷糊糊，或个性大剌剌的。

我看过一些孩子，父母其实对孩子没有太多的要求，亲子间对话也都很温柔，每当孩子失败或做不到的时候，会很直接地接纳孩子并回应："没关系，慢慢来就好。"但才小学一年级的孩子，却因为自己的字写得不够漂亮，而常常急得哭了出来。

像这类对自我要求高的孩子，如果深究其要求高的最主要原因并不是来自于父母，就可以判定是孩子的天生气质所致。所以我会跟孩子的妈妈讨论："他其实是一个自我要求非常高的孩子。当这类孩子的父母要小心，不需要给他额外的压力，因为他给自己的压力就够大了。"

我接着补充道："虽然当这孩子的父母，其实也可以很轻松。但我非常欣赏你之前对孩子所做的一切。因此你只要像过去一样，让孩子持续地知道：不管他表现得是好是坏，你都愿意接纳，也都愿意爱这样的孩子，让他感觉到安全、放心。他自然会推着自己往前，而你什么都不用做。"

"相信他，就是给他最好的礼物。"我最后落下这句话，传达我对孩子的信任，以及对眼前这位妈妈的信任。

因此，我非常建议父母：观察孩子对自己的看法与态度是什么，会不会过于严格或完美主义？但要注意！因为有些孩子对自己的高标准，并不会用"积极"来表现，而是会用"挫败"或者"自责"来表现——这是因为对自己的标准太高、太完美主义时，只要达不到心中的标准，对孩子而言都是失败。

所以，当你发现孩子对自己过于严格，父母更应该让他相信"不论你的表现如何，我都会愿意爱你！"这对孩子而言是非常大的释放及支持。

4. 孩子期待自己能够让父母满意

有一个爸爸告诉我："我的儿子，每天都在外面玩他的音乐社，还当上社长。我觉得年轻人玩社团是很好啦，可是他已经玩到都快荒废课业了，成绩也掉了很多。我跟他说，如果成绩再继续往下掉，我就不准你继续去社团。结果那天他跟我大吵了一架。"

“其实我也知道，年轻人有他们自己的想法，可是做父母也不能看着孩子成绩变差，却什么都不做吧？最近常常因为规范他练团练到几点要回家的这种小事情，搞得气氛很僵。让我觉得我这个做爸爸的，好像讲什么都没有用。”

其实这对父子的关系，可以讨论的层面很多，包含：这是孩子青春期所必经的反叛、孩子不被理解的恐惧、父亲爱孩子却用担忧的方式呈现……以及父亲害怕自己在孩子心目中已经渐渐变得不重要了。

但在细究之下，我跟爸爸讨论到一个重点：“你的儿子是不是很在意你对他的看法？”爸爸有点惊讶地说：“好像是，上次我跟他说了一句什么，他反应很大。”

我接着说：“虽然我还没见过你的儿子，但我做一个非常大胆的假设。或许他知道，他无法在学业上让你完全满意，所以决定要在其他地方，例如在乐团上，闯出一番成就，证明给你看，他不是一个让你失望的儿子。”

爸爸表情看起来有点震惊，然后陷入一阵沉默。或许对爸爸而言，听到“在孩子的内心深处，是非常重视自己”时，其实也安抚了害怕自己对孩子不重要的不安。

其实就我的观察，孩子天生就有一股想要照顾父母、分享给父母，甚至荣耀父母的动力。例如：当孩子很小的时候，第一次会扣扣子、会走路、发现新东西，都会很热衷地想要分享给父母知道。只要身为父母的你，愿意给孩子贡献与分享的机会。

但大多数的父母，都卡在对孩子的担心上，想要“给”很多，却反而让孩子变得被动或压力很大。反过来，若父母愿意“相信孩子”，并欣赏孩子的努力与表现，他也会愿意让自己进步，主动让父母看见自己的好。因为孩子内心都非常愿意成为荣耀父母、让父母骄傲的小孩。

如何面对玻璃老鹰型的孩子

在面对这种玻璃老鹰型的孩子时，父母到底要怎么做呢？我认为有两方面可以进行：一是鼓励孩子多犯错，并在挫折中学习；二是区分父母与孩子的课题。

鼓励孩子多犯错、在挫折中学习

当我还是新手心理师时，曾经有老师鼓励在带领团体的过程中，至少要“犯12个错误”。这些都可以让我们去体验到“即便犯错，也不是世界末日”。

回到孩子身上，也是。不过，与其说是鼓励孩子犯错，倒不如是校正父母面对“错误”的态度。当父母能“接纳”孩子的错误时，孩子就会知道“错误就是人生中重要的一环，是身为人都会必经的过程”。于是孩子才会更有勇气面对自身的挫折与不足。

所以父母在孩子犯错的时候，不要急着责怪，而是先接纳孩子犯错的事实，也陪孩子看看，当他犯错了、做得不好的时候，父母可以怎样面对、怎样处理、怎样负责。当孩子看到父母怎么做，自己也会深深受到影响跟着做。

从孩子很小的时候，就可以开始训练。举例来说，我姐姐的孩子，2岁，光是吃饭、喝水，就常常会把自己的桌面弄得一团乱。当他的小肌肉慢慢开始可以控制得妥当，也可以与大人进行一定程度的沟通时，我的姐姐就会跟孩子这样对话：

妈妈：“啊呀，你把糖果打翻了。”

孩子：“啊……”

妈妈：“打翻了没关系，我们把他们捡起来就好。”

久而久之，孩子也学到这样的态度。当孩子跌倒，或不小心打翻、弄坏一些东西的时候，孩子也会喃喃自语地说：“没有关系，拍一拍，站起来就好”“没有关系，打翻了，捡起来就好。”

孩子学会的，不是花力气在失败与挫折中自责，而是遇到困难，怎么样花力气在“重新整顿心情再出发”的态度。而这不是为人父母，最想要培养孩子“挫折容忍度”最棒的礼物吗?

区分父母与孩子的课题：不要将自己的高标准压在孩子身上

然而这种接纳、包容孩子就是会犯错，而且看着孩子的错误，却不责怪、不出手帮忙的教养态度，对许多父母而言，是很难做到的。

尤其是对自己要求很高标准的父母。因为他们知道“因为我的谨慎、追求完美，所以有很棒的表现及事业，随之而来的焦虑，也是我可以承受的，所以我不想改变与放掉”。

因此在教养孩子时，他们能不能够分得清楚“我的高标准是我对自己的要求，而我的孩子，有他的步调，他可能需要多一点的时间”，而这里的时间有可能是年纪还没到、没有相似的环境背景等等，所以孩子会失败、遭遇挫折。而父母能做的，就只是在旁边耐心等待，相信并尊重孩子有自己的步调，是非常重要的。

只要父母分清楚“我有‘我的’标准与期待，但孩子不需要马上做到、让我满意”，孩子就不会被用来满足父母的期望、降低父母的焦虑，而让自己陷入追求完美的焦虑。

但很多父母还是会有“恨铁不成钢”“如果我不教导、不介入，孩子会不会永远学不到教训、不懂得努力”的焦虑。那该怎么办呢？难道父母要就此罢手，什么也不管吗？

当然不是！只是要记得：当父母在管教孩子时，如果连同父母内心也充满焦虑、不安、挫败等负面情绪，讲出来的话其实也只会引起一连串的负面效果，孩子真正接收到的也只是父母的焦虑，反而没办法好好让孩子接收到重要讯息。

因此我再次鼓励父母可以回过头去看看你跟孩子的互动：你对孩子的要求、甚至批评，对孩子的表现与心情（自信）的影响是什么？是让孩子更有自信，还是更害怕犯错？

也想请父母拓展自己对好父母的定义。不一定是要“做很多”才是好父母，其实“相信、尊重孩子”“给出一个空间，让孩子学习犯错、面对挫折”，是另外一种“无为而治”的好父母典范。

尤其当孩子能够靠着自己的努力，从原本的“做不到——做到了”。这种战胜挫折感并做到某件事情时，从内在产生的莫大成就感，其实是会激励孩子前进的！因着父母对孩子的相信，而使孩子能够有所成长，而这不是一个为人父母送给孩子更棒的人生礼物吗？

最后，我想引用 2017 年金曲奖“最佳编曲人奖”卢凯彤的得奖感言：“我要感谢我太太，我跟我太太去年在国外结婚，谢谢她让我的生命变得更完整。

我知道这个世界不完美，我的人不完美，但有了你，谁还需要完美？”

我看见很多拼了命努力的完美小孩，其实最初最初的那个理由，也只是希望可以得到父母一点点的认同。

如果父母能够让孩子知道“即便你不完美，但你还是一样可爱、一样有价值，我还是一样爱着你！”我想这会是给孩子最大的支持及鼓励了。

父母反思小练习

其实对孩子有高要求的父母，通常对自己也是高要求，甚至容易自我批判与责怪的，所以在对孩子宽容之前，需要先学会对自己宽容。在此想请父母静下心来，反思以下几个问题：

1. 当你面对自己的失败、当你做不到一些你预期中的事情时，你是否也会责怪自己？让自己泄气？

____

____

2. 如果你会对自己说一些自我泄气的话，这些话会帮助你更有力量，还是让你感觉更受挫？

____

____

3. 你挫败之后，还能够“再出发、继续努力”，是因为那些“对自己的自我批判”，还是源于“我相信我能够克服、我能够做到”的信心？

____

____

4. 你认为对孩子“提醒”或“鼓励”，带给孩子的影响、优缺点是什么？

____

____

15　手机不离身，“网络成瘾”的孩子

网络与电子产品是现代社会的必需品，父母要怎么辨识孩子的网络使用是在正常范围内，还是已经成瘾？而父母需要在什么时候才着手介入呢？又要怎么做，才不会造成亲子之间的冲突呢？

什么是“网络成瘾”

重廷每天晚上都打LOL[1]到半夜一两点，还没有办法睡觉。父母亲很担心，每天玩游戏总是打打杀杀，还常常在激动的情况下骂脏话，会不会有暴力倾向，或者影响到学业成绩。

宜盈每天花好几个小时的时间上Facebook、Instagram，把自己打扮得很漂亮、po自拍照、聊天或回留言，然后很在意别人的点赞数是多是少、有没有多了几个追踪她的粉丝……

父母很担心青春期的女儿，会不会在网络世界遇到一些不正当的朋友。

这两个例子，你觉得重廷与宜盈是否有网络成瘾的现象？

根据台湾彰化师范大学辅导与咨询学系教授王智弘在2009年出版的《网络咨询、网络成瘾与网络心理健康》一书里提到“网络成瘾”是指，当事人在网络使用上出现一些上瘾问题的核心症状与负面影响，包括：

（1）强迫性：理智上知道要控制网络的使用时间，但仍不能克制上网的冲动。

1. 英雄联盟，一款多人在线擂台游戏。

（2）戒断性：不能上网时，出现身体或心理层面不适的现象。

（3）耐受性：上网的欲望越来越不能满足，所需上网时间越来越长。

（4）相关生活层面出现状况：比如在人际层面、健康层面、时间管理层面上，都因为网络的过度使用而受到负面影响。

成瘾的心理机制

如果要帮孩子戒除网络成瘾，父母就必须先了解网络成瘾的心理机制。

现今社会里，有非常多的成瘾物，常见的有像药、酒、毒品，又或者性成瘾、工作成瘾、关系成瘾等等。

我常说，网络成瘾，是所有成瘾物里，最容易被忽视的，因为它是完全没有年龄限制，且合法的成瘾物。

赛门•西奈克（Simon Sinek）是一位美国知名作家兼演说家，他在2016年上美国节目 *Inside Quest* 时，就以“千禧世代在职场上到底出了什么问题？（*The Millennial Question*）”为题[1]，比喻拥有无线网络的手机（或科技产品）是唯一没有年龄限制的成瘾物，就像是打开一整柜的毒品给孩子说：“嘿，任你挑吧！”

我也认为，手机或网络成瘾本身就是一种货真价实的“瘾”，不但充斥在我们生活中，也是最没有办法防备，甚至连大人也难以戒除的一种“瘾”。

成瘾，是为了逃避面对负面情绪

想想看，你通常是在什么时候，会拿起手机来“刷”呢？等公交车或等朋友的空档很无聊的时候？开会觉得很烦的时候？心情不好的时候？忙了一天回家很累的时候？跟另一半吵架的时候？

有没有发现，大部分是在有“负面情绪”出现的时候，才会拿出手机来。而这些负面情绪，不需要很“大”，也不一定是坏情绪，有时候只是“烦”“无聊”“孤单”这种小小的、隐微的不安。

1. 关于“千禧世代在职场上到底出了什么问题？”影片，可至 youtube 观看（https://www.youtube.com/watch?v=KsGiDrt5U2c&app=desktop）。

这里有一个简单的“成瘾循环图”，以下针对图表里的四个圆圈做说明：

（1）负面情绪：举凡无聊、烦躁、挫折等各种负面感觉，而这些感觉会成为我们开始想使用手机的促发点，也就是成瘾循环的第一步。

（2）强迫思考：当我们感觉到这些负面情绪时，会开始有“想用手机”的念头出现，并且会反复地跳出来，而这念头也就是成瘾循环里的“强迫思考”。

（3）强迫行为：再来，会因着“强迫思考”，而真的去做了用手机这件事，也就是第三步的“强迫行为”。

（4）暂缓焦虑：最后，也会因为真的去玩了手机，而真的减缓了焦虑，减轻了最开始的无聊、烦躁、挫折等种种负面感觉。

然后，“成瘾循环”就这样被建立起来了！

成瘾循环图

如何打破成瘾循环？

所以，如果想打破这样的成瘾循环，应该从四个圆圈里的哪一个步骤开始切入呢？

大多数的老师或父母，可能会从第三步骤的“强迫行为”开始下手，也就是一直跟孩子说：“不要一直玩手机”“早点去睡觉”等，意图去对抗孩子的不良成瘾行为，但往往成效不彰。

因为对父母而言，孩子沉迷网络是不务正业。但若站在孩子的立场：网络是唯一可以让我感觉好过一点的朋友！同时网络也是孩子的“救命丹”。

而且当这个成瘾循环被启动的时候，就像设计精美的游戏，会让人想要一直玩下去。孩子如果不“玩完”，是很难在网络里善罢甘休的。

从了解孩子的“负面情绪是什么”来着手

因此，想要解决成瘾问题，我建议要从循环里的第一个步骤“负面情绪”开始着手。因为，成瘾行为是为了要舒缓不舒服的感觉，那就应该回到根源，看看对孩子而言，他的“负面情绪”及困扰究竟是什么？

通常我看到重度网络成瘾的孩子，大概有几个特色：

（1）自我价值感低落。

（2）生活过多的挫败感、空虚感。

（3）常常处在高压的压力情境。

（4）缺乏人际联结。

你可以想象：如果一个孩子，在学校的学业成绩都不错，有喜欢的兴趣，例如运动，也交了很多朋友，回家跟父母也处得很不错，那么现实世界对于孩子而言，是有趣且具有吸引力的。这样的孩子，就算会玩游戏，大概也不会花过多的时间待在那个小荧幕前面。

反之亦然，如果一个孩子，成绩不好、常被老师与父母骂、没朋友、觉得自己很差劲，那么网络当然就是这个孩子唯一且最好的朋友。只要打开开关，就能够给自己很多立即性的成就感与反馈，一解心中的无聊与孤独感，孩子不成瘾很难。

现实生活与网络世界（游戏）就像是一场拔河，如果父母不想让孩子一直沉迷于网络，那么或许思维方式应该从“我要怎么让孩子不玩网络或游戏”转为“我要怎么让现实世界变得比网络或游戏还要有趣？”或者“我要怎么帮孩子面对他的负面情绪、满足心中匮乏的需求？”

探讨孩子心中的匮乏是什么？

但怎么知道孩子所在意或匮乏的是什么呢？我建议父母不妨从“沉迷的内容”里来判断。

如果孩子沉迷的是社群软件，例如：Facebook、Instagram、推特或 Line 等，便可以合理推估：孩子比较可能是缺乏人际联结、陪伴及关心。

如果孩子沉迷的是比较竞争性的游戏，便可以合理推估：孩子在生活中，常常感受到大量的挫败感，缺乏成就感。

如果孩子一直沉迷于看影片等，便可以合理推估：孩子在生活中，可能很“无聊”，觉得内在空空的，没有什么意义。

因此通过孩子所沉迷的内容，去了解他所“匮乏的需求”是什么，是父母打破孩子网络成瘾循环的第一步契机点。

成瘾的关键：缺乏联结

我一直强调人类最重要的两大需求是“自我价值”：感觉我是一个好的、有价值的人，以及“归属感”：我是被爱的、被关心的。而在网络成瘾的范畴里，我觉得后者又更加重要。

英国记者兼作家约翰•海利（Johann Hari）在 TED Global London 上以“你对上瘾的所有认知都是错的（*Everything you think you know about addiction is wrong*）”为题做演说时[1]，指出“缺乏‘联结’，才是造成上瘾的主因”。

过去，我们认为上瘾是因为“意志力不够”“惩罚不够严格”“毒品太可怕”，才会让许多人“明知故犯”。但通过心理学家布鲁斯•亚历山大（Bruce K. Alexander）的“老鼠乐园”实验，发现“联结”“过得快乐”，其实是让老鼠不要成瘾的一个非常重要的保护因子。

---

1. 关于“你对上瘾的所有认知都是错的”影片，可至 TED.com 官网观看（https://www.ted.com/talks/johann_hari_everything_you_think_you_know_about_addiction_is_wrong?language=zh-tw）。

实验设计如下：

（1）将实验鼠分 A、B 两组，并分别独自放在笼子里。A 组喝一般水，B 组喝放入海洛因或古柯硷的水，B 组实验鼠会上瘾或饮用过量而死。

（2）改为将实验鼠放进“老鼠乐园”，在这里面，老鼠可以尽情玩耍、吃喝、交配（即与其他老鼠的联结），结果发现这里的老鼠并不会特别想喝有毒品的水。即便喝了有毒品的水，也不太会上瘾。

通过亚历山大的这个实验，再去观看那些成瘾的人，他们的生活几乎过得并不是很快乐。尤其当他们成瘾后，社会对他们抨击的态度，以及因对成瘾者极度恐惧而闪避的人们，都让成瘾者渐渐被孤立成“社会边缘人”。而这也让成瘾者失去连结，更难戒掉“瘾”。

回过头来，孩子的手机、网络成瘾也是同样的道理。几乎所有孩子，都会对手机与网络着迷，连我本身也在无聊的时候，时不时地拿起手机减缓焦虑。但是“重度”手机、网络成瘾者，几乎都在生活中有非常多的挫折感：可能是在学业上找不到成就感，或是在人际上不知道如何交朋友，也不知怎么面对这些困难，因此才会躲入手机或网络的虚拟世界。

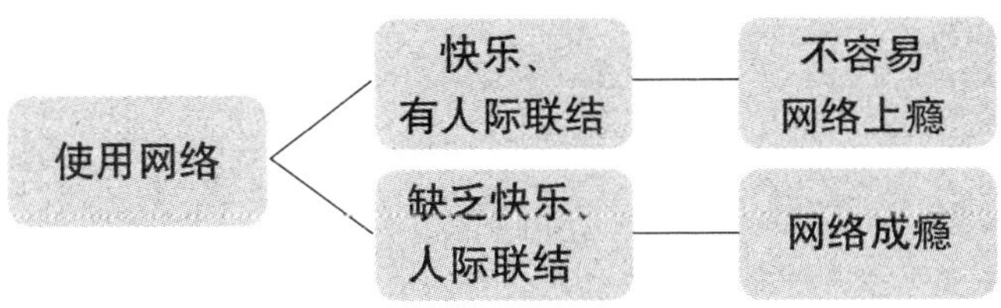

网络是否成瘾的关系图

如何帮助孩子脱离网络成瘾问题

父母该如何面对孩子的网络成瘾呢？我建议可以从四个角度着手：一、用“孩子的角度”理解网络成瘾；二、依照孩子的年纪“规定”或“协商”；三、协助孩子练习自我管理；四、温和而坚定地拉起界线。

1. 用“孩子的角度”理解网络成瘾：是战友，不是敌人

我曾经听过一些例子，孩子在玩游戏时，父母因规劝孩子不听，一气之下就把电源拔掉。由于孩子正跟队友组队打怪，父母的这一个举动，让孩子崩溃，跟父母产生了巨大冲突，甚至跑去跳楼。

如果站在父母的立场，你或许会想：这孩子的反应也太夸张了吧！但若换到孩子的角度，你会发现，在孩子的主观世界里，玩游戏可能是他生活中少数可以感觉到存在感的事情，甚至虚拟的游戏，也是他可以跟现实朋友建立关系的唯一管道。

父母强硬拔电源的举动，不仅没有帮到孩子，反而让孩子陷入不好的情绪旋涡，例如他会想隔天去学校，同学会不会骂他、笑他？而他好不容易才交到的朋友，会不会就此消失？甚至还会想到长期以来，父母总是这样不听自己意见，粗暴地对待自己等，最后孩子很容易在悲愤交集之下做出傻事。

当然，这样激烈的举动可能只是少数例子，但也想借此例提醒父母，需要从孩子的角度看待网络成瘾这件事情。尤其当孩子正在玩游戏时，父母更应避免在“强迫行为”（使用网络）的这个环节上，跟孩子意气用事，兴起权力斗争。

因为即使这次“成功了”，暂时让孩子“听话了”、不玩网络了。但问题的根源不仅没有解决，还可能会引发或衍生成“权力斗争”的亲子问题，让孩子用最激烈的手段来表达他的抗议。

其实大多数父母都想要“帮”孩子戒掉网络，但这个“帮”，是站在父母的立场，而没有将角色交换到孩子的位置去理解内在匮乏，孩子反而感觉不到父母在帮他，而是感觉在“剥夺”他的快乐，甚至引发更多冲突。

这不只造成孩子更多的心理压力，更破坏孩子与父母之间的联结。

之前提到“联结”是成瘾的关键，特别是“缺少联结”会促使孩子的成瘾更加严重，造成反效果。这也是为什么当父母过度管教，甚至引发争吵时，不但不能戒除孩子的网络成瘾，反而让他们更躲进网络世界里。因为过度管教与争吵，就是破坏亲子之间的联结。

因此父母不妨问问自己：“我跟孩子的互动，是否到了最后，只剩下这些‘争

吵、规定’？”

如果是的话，或许父母可以先从最简单的“关心”开始，去问问孩子为什么会喜欢这款游戏，让孩子有种被看见、被尊重的感觉。

成瘾的对立面不是戒除，而是联结。当你跟孩子的“联结”开始发生时，改变就会开始发生。

2. 依照孩子的年纪“规定”或“协商”

当父母恢复跟孩子的“联结”之后，还是得面对网络“成瘾”这件事。

首先，父母必须意识到，网络成瘾仍旧是一种强迫行为，就像大人有时候也会在压力比较大时，想要抽烟、喝酒、玩手机，因为这是能够快速帮助我们减缓焦虑的方式。

也因为电子产品有成瘾性，以及过度使用网络可能对身体造成伤害，例如：会影响到眼睛视力，因此我个人比较推荐父母使用逻辑后果，而非自然后果。

年纪比较小的孩子，因为“前额叶”这个负责冲动控制的大脑区块尚未发展完全，本身的控制力比较差。因此我建议，父母可以直接“定出一个使用电子产品的时间”，并且坚定地训练孩子循序渐进地遵守规定。

例如：在小学阶段之前，可以直接告诉孩子：“我们说好，一天只能在晚餐后使用 30 分钟的 iPad。”若是年纪比较小的孩子，跟父母关系没有太多负向经验时，便会依循父母的规定去遵守。当然这个时间可以弹性调整，并与孩子讨论，只是大部分的决定权，还是在父母手上。

而年纪大一点的孩子，或是当孩子开始会针对使用网络时间讨价还价时，父母则可以带着温和而坚定的态度，与孩子协商使用网络的时间。我会建议父母大量地表达自己的两难，用启发式问句的方式引导孩子去思考，例如：

“我知道你很想玩游戏，可是当你玩这么久电脑的时候，一来会伤害眼睛，二来会影响你隔天的精神或影响到应该要做的一些事情。”

“你觉得妈妈说的这件事情有道理吗？你对于这件事情，有什么想法？”

“你有什么方法，让你既可以开心地玩游戏，又可以保护到眼睛、同时不要影响到正事吗？”

3.“协助”孩子练习自我管理

依照孩子的年纪，父母可以做适当的提醒。年纪小的孩子，可以在使用电子产品的时间快到之前，告诉孩子：“你还有 5 分钟的时间。”

这个目的是帮助孩子做好心理准备。就像是自己在看电视，突然有个人冲进来把电视机的插头拔掉时，大多数的人会感觉到很不被尊重、被冒犯，而这个“还有 5 分钟”的缓冲语句，可以让孩子有心理上的准备。

当时间到的时候，我建议父母可以平铺直叙地描述事实：“现在时间已经到了，但你有发现，你还是在看 iPad 吗？”甚至走到孩子的身旁，让孩子感觉到“你的存在感”。这么做的目的，是让父母帮助孩子“可以意识到自己的行为已经违反当初跟父母定的契约”，而不是让孩子把父母的话变成耳边风。而平铺直叙地说，或走到孩子旁边，给孩子压力，其实是一个不引起冲突，温和而坚定的表达方式。

注意！在这里有个重点是，父母要尊重孩子、给孩子权力：让孩子自己决定，并主动关上电子产品。孩子是主角，而父母是辅佐的人。

同时，这个“孩子自己调适心情，并且主动关上电子产品”的心路历程，是父母需要非常重视且值得好好肯定的。

父母可以针对这个过程告诉孩子：“你今天遵守了我们的约定，我觉得你是个很守信用的孩子。”并通过这样的反馈，帮助孩子知道“我是可以玩乐，但我也可以停止玩乐。我在这个过程中，能找回我自己的‘控制感’”。

4. 当孩子做不到时，要温和而坚定地拉起界线

如果孩子在使用网络这件事情上坚持度比较高，或是多次赖皮，父母需要在孩子身心状况平稳的时候，或是在孩子还没“掉进去”电子产品的世界前，事先跟孩子谈论“如果没做到”的后果是什么。

并且在协商的过程中，父母与孩子必须互相尊重且平等地讨论出与行为相关的合理惩罚。举例来说：如果孩子今天无法按照规定，在约定时间内使用 iPad，孩子明天的 iPad 时间就必须被取消。而且在孩子真的违反规定之后，父母务必坚持这个惩罚。

倘若隔天孩子因为无法使用 iPad 而大哭大闹时，父母可以温和而坚定地同理

孩子的不满：“你现在不能玩 iPad，所以你很生气。”但仍旧要坚持：“但还记得我们昨天的规定吗？因为你没有遵守规定，所以今天你玩 iPad 的时间被取消了。”

如果孩子一时之间还是没有办法冷静下来，父母也不需要“一定要安抚孩子的情绪”，反而要让孩子自己去面对这个失望感，可以说：“你可以去做别的事情，或是在一个角落，等你心情好一点之后，再跟妈妈说。”

有很多父母会因为看到孩子有情绪，就勾起自己过去面对冲突时的负向经验，或是太害怕孩子在过程中会受到伤害，使界线有所动摇，甚至退让，然后就可能说：“好啦、好啦，再给你玩 5 分钟就好。”如此一来反而会让孩子学到“如果我大哭大闹，就可以得逞”。

因此父母需要清楚地意识到，当孩子无法如愿玩手机时，势必会不开心、会失望。但这个不开心，是孩子自己要去消化且承担的。

说得更清楚一点：父母要让孩子能够清楚地意识到“今天不能玩 iPad 的失望感，是自己昨天没有遵守共同制定好的规范的结果”，而不是“可恶的父母不让孩子玩”。如此一来，孩子才能去承担昨天违反规定的责任，遵守跟父母的约定，练习自我控制。

顺带一提，网络成瘾的孩子，父母往往有“界线不清楚”的情况，容易在讨好与过度严格之中摆荡。又或者是父母的标准不一致，导致孩子容易在父母界线不清楚之处“钻漏洞”。因此温和而坚定地抓好界线，是父母在面对孩子网络成瘾时最重要的态度！

心理师与父母的暖心互动

在网络成瘾这个议题上，就我在实务现场上所观察到的现象，父母其实是非常痛苦的！

除了担心孩子的眼睛、身体，也担心孩子没有办法去面对那些他该面对的“正事”、脱离社会的常轨。使得父母经常体会到一种巨大的失控感：好像不管怎么说、怎么做，都没有办法让孩子听自己的话、让孩子停下来。父母有时候很难了解究竟一个小小的荧幕，怎么能够对孩子产生如此巨大的吸引力？

然而这还不是最可怕的。

“他一直看着手机，好像根本没有把我放在眼里！”有对父母曾经跟我这样说。仿佛手机就像是第三者一样，介入了孩子跟父母之间的关系。

我猜，对父母而言，更深的恐惧是：我好害怕，我对孩子而言，根本一点也不重要！

这种失控感，害怕自己不重要的心情，都会让父母想要花更大的力气、用更强硬的方式，责骂、管教、限制孩子，仿佛要争回一点“父母的面子与重要性”，从而陷入权力相争的局面。

当父母开始跟孩子对抗，孩子心中自然会兴起：“如果我照你的意思去做，那我就输了！”的心情。那么孩子除了要面对自己在现实生活中的挫折、面对自己总是“做不到”的挫败感、感觉不快乐且被孤立之外，而且还要花力气跟父母战斗，于是对孩子而言，要“回到正轨”的生活，当然是一件难上加难的事情。

所以，当孩子陷入“成瘾”的失控感时，父母同时也在经历着自己无法把孩子从手机或游戏里拖出来的失控感。或许先意识到自己管教背后的焦虑心情是如何影响自己的，然后学习安顿自己想要跟孩子开始“争输赢”的心态，不跟孩子陷在同一个困境里，才是真正帮孩子脱离网络成瘾的第一步。

16　总是哭不停的“分离焦虑”的孩子

“为什么孩子老拽着我不放，一放手就哭得好大声”“每天早上都在幼儿园门口演十八相送，孩子什么时候才不哭呀”“我看孩子哭得好伤心，心里好痛苦，每天上班都有罪恶感”到底是孩子分离焦虑？还是父母分离焦虑呢？

什么是分离焦虑

子晴有双圆圆的大眼睛，从小就很有长辈缘，也总是被大家百般呵护。子晴的妈妈也是个尽责的全职母亲，让子晴得到最好的照顾，几乎寸步不离地把子晴拽在身边照顾。

但很特别的是，在子晴那双大眼睛背后，却有着一颗敏感的心，有时候很容易因为一些小事情而哭闹了起来，但是当妈妈在旁边的时候，就能很快地被安抚下来，所以妈妈倒也没有太过在意。

但到子晴快要上幼儿园的前一周，妈妈心中有一些不安，担心一直带在身边的子晴，上幼儿园会不会不能适应。

开学第一天，子晴仿佛也感受到妈妈的不安，一开始就说：“我不想去上学！”妈妈虽然有些不舍，但还是跟子晴说：“今天是你第一天上学呀！应该要很期待啊！”子晴也只是呢喃地说：“我不要去上学……”

到了幼儿园门口，幼儿园老师很有朝气地跟子晴打招呼说：“嗨！小朋友！我是幼儿园的老师……”子晴一听到便：“哇！”的一声就哭了出来。妈妈在一旁，又尴尬、又着急，频频跟老师说“对不起”。

过了 5 分钟，妈妈见子晴在身边没有冷静下来的趋势，老师也说：“孩子总是这样的，哭久了也就没事了。”妈妈也就狠下心，直接离开了幼儿园。

但是到了中午，妈妈接到幼儿园老师的电话说：“子晴今天哭了一整个上午，完全没办法跟着同学进行活动，请妈妈先把子晴带回家。”妈妈觉得有些困扰，但心中悬着的大石头却也稍稍放了下来。并在载子晴回家的路上，告诉自己：“或许接下来会好一些吧？”

没想到，子晴的情况，不仅没有减轻，反而越来越严重。每次哭，都会比过去更坚持、更激烈，让妈妈实在不知道如何是好……

分离焦虑会发生的时间点

分离焦虑，有两个最常见的时间点：

第一个时间点是在婴儿阶段，大概是6~7个月开始，一岁的时候开始达到巅峰，到一岁半的时候会渐趋平缓。而对于这个阶段的分离焦虑，妈妈心中其实要有一点点高兴，那代表孩子开始会认人了：他认得出来“这是妈妈、这不是妈妈”。理所当然，孩子会比较想待在妈妈身边，当不在妈妈身边时，他会觉得不安、焦虑。

第二个时间点是在第一次上学的时间点，有可能是幼儿园或小学。在以前的年代，父母根本没有那么多心力去“陪”孩子，所以孩子很快地就被“野放”，在还没上学之前就会自己去外面探险，跟邻居小朋友玩，很快就已经习惯了，“没有父母在旁边的时光，其实是很有趣的”。

但是现在的孩子，因为少子化的关系，一个孩子周边可能有四五个大人在旁边陪伴着，孩子其实很少有机会经验到“没有大人在身边”的情况。所以很多孩子在第一次上学之前，几乎是24小时待在一个一直有大人陪伴的环境里。

所以孩子对“分离”的经验是陌生的，自然也没有机会去练习：当爸妈不在身边的时候，自己该如何面对这种焦虑。

跟孩子的“天生气质”有关

孩子与父母分离时，会产生强烈的分离焦虑，其实跟孩子的天生气质有关。

我曾经听过一个母亲说，不知道是不是她的孩子太有安全感，平常全天候照顾，也没什么离开妈妈身边的经验。但有一次孩子要跟着爷爷、奶奶出远门一周，本以为孩子会很不适应，准备等他回来要好好安抚时，却没想到孩子不哭不闹，简直像是忘记自己这个妈妈一样。虽然爷爷、奶奶带起来很轻松，但在妈妈心中却也有些失落感。

但也有的孩子，父母其实花了好长的一段时间帮孩子做心理准备，但在真的要分离的那一瞬间，孩子还是紧紧抓着爸妈的衣角，生怕父母会不见似的。

其实不论是天生气质适应性高还是低的孩子，离开父母多多少少都会有一些不安，因此不需要因为自己的孩子“比较没有安全感”，而开始怀疑是不是自己“哪里做错了？”只要父母能够“协助孩子建立心中的爸妈”，并陪伴孩子，就没必要担心。

如何帮助“分离焦虑症”的孩子

然而，要怎么样降低孩子的分离焦虑，并培养孩子对关系的安全感呢？

最重要的原则就是“协助孩子建立心中的爸妈”。

这是什么意思呢？

前面的“从依附关系中，建立亲子间的安全感”章节里提到，在客观的现实环境中，有一个活生生、实体的爸妈，相处久了，渐渐地孩子会在心中慢慢形塑出一个内在的爸妈。以心理学的用词，就叫作“内在客体”。平时爸妈跟孩子的互动若是良好的，会帮助孩子在心中，建立一个“好爸妈”的形象。而孩子跟父母的联结，就像是一条隐形的脐带联结着彼此，而“分离”就是要考验孩子“在没有看到爸妈的时候，心里是否还是能够相信“即便现在爸妈不在，但过一阵子，爸妈会回来我身边的！”的想法。

每个孩子对于分离焦虑的表现都不一样。有的孩子可能才一岁左右、过去总是 24 小时有大人在旁边待命、没有过独立经验，因此他们会在实体爸妈不在身边的时候，觉得心里那个内在的爸妈也跟着消失了，所以表现出很慌张、很害怕被遗弃、很害怕爸妈不会再回来的样子。

能够忍受并消化分离焦虑的孩子，有一个很重要的过渡期是：现实生活中的爸妈不在，但我在心中，仍旧能够感觉到，我的爸妈是陪伴着我的。我仍然能够想起，那个昨天跟我玩在一起的爸爸；我仍然可以相信，当我在学校尽情地玩乐，放学后我又可以见到妈妈。而这份“相信”，对孩子来讲是很重要的安全感培养。

有的孩子，还会自动发展出一些方式来陪伴自己，例如：随身携带一条安全毯，或者出门一定要带着娃娃或玩具，即便沾满了口水、残破不堪，也对这个东西不离不弃。这在心理学上，称之为“过渡性客体”，也就是孩子会利用这些娃娃或玩具，稍微缓和爸妈不在身边时，内在空洞或慌张的感觉。

甚至有的孩子，会发展出想象的朋友，或想象的兄弟姐妹。那就是孩子本能发展出来，以消化自己内在焦虑的方式，而这也是一个健康的发展过程，父母不必太过紧张。

不过，的确也有不少孩子，会需要父母做更多的协助。以下便提供几个方法，能够让父母帮助孩子建立安全感。

1. 玩“躲猫猫”训练

对于一岁左右的婴幼儿，父母可以通过玩“躲猫猫”的游戏，运用“消失、再出现”的过程，让孩子可以熟悉“爸妈短暂不在”的感觉

2. 不要“不告而别”

有些父母会对孩子的分离或哭泣，感觉心疼，甚至罪恶感，为了不看到孩子的难过，所以会躲起来，或者偷偷地跑走，觉得如果孩子没有看到自己离开，就会觉得好过一点。但事实上，这反而会更加深孩子心中的恐惧：现在我看得到爸妈，会不会下一秒，爸妈就消失不见了，从而让孩子焦虑更深。

3. 预先告知

而最棒的做法，是温和地“预告”等会发生的分离，让孩子先有个心理准备。举例来说，父母可以提前告知孩子：“等一下，妈妈可能会出门半个小时，你会看不到妈妈一下下，你就在家里看故事书，不用担心，妈妈很快就回来了。”而当孩子“挺过”这段分离的焦虑时，也可以适当地了解孩子的经验：“刚刚妈妈不在的时候，你都在做什么呢？会担心吗？”并肯定孩子：“妈妈不在的时候，你有让故事书陪你，有在家里等妈妈，是吗？”

如果是更长、更困难一点的分离，例如：第一次去幼儿园、长途旅行等，可以提前几天，甚至几周跟孩子说明，帮助孩子做好准备如爸爸可以这样对孩子说：

“下个礼拜，爸爸会坐飞机去国外赚抠抠（钱），爸爸不会在家里陪你，可是如果你想我的时候，你可以打（视频）电话给我。”让孩子在分离之前，就可以在心里“针对分离做演练”。

而这种预告也非常适合用在，例如孩子看病，甚至开刀这种高焦虑的事件中，让孩子知道：“等一下医生伯伯会问你一些问题，也会用冰冰的东西碰到你的身体，你会害怕是很正常的，妈妈会在旁边陪你。”

“游戏”是孩子的“语言”。对于年纪小又高焦虑的孩子，也可以通过游戏的方式，例如：通过过家家的方式预告孩子在分离，或是在看病的过程中会经历什么；让孩子挑选代表孩子、医生、妈妈的玩偶，妈妈通过玩偶的摆放，协助“预告”孩子在开刀，或看病的过程中，医生会做些什么；或在分离的时候，爸爸跟孩子可能会经历些什么等，其实这些都可以帮助孩子降低焦虑。

4. 将分离焦虑升华为思念

我很喜欢这个能增进彼此情感的方式，就是教导孩子用图画或是书写的方式，去表达对他人的感受，并将孩子的分离焦虑，转化、升华为“思念”，例如妈妈可以对孩子说：“我们可以画一张图送给爸爸，这样他看到你的图画时，就会想到子晴正在想念爸爸。”

同理可证，父母也可以反过来，画一张图、准备一张小相片、一条有妈妈味道的小丝巾，放在孩子身边，让孩子想念爸妈的时候，可以随时拿出来“充电”。

如果把爸妈当成是充电座，孩子是手机。手机充满电了，就可以在外面忙一整天。当孩子感觉到爸妈的陪伴与温暖时，就会更有信心地在外面探索，以及面对上学时那份“爸妈不在身边”时的焦虑。

因此跟孩子相处的时候，多拥抱、抚摸孩子，尤其是年纪小越小的孩子，越有帮助。

5. 高质量的陪伴以及温柔而坚定的告别

面对年纪大一点的孩子，则是把握“依附关系”的原则，像是除了满足生理需求外，平时就要建立“孩子，我懂你的心”的情感联结，培养孩子内在的安全感。

而在告别的时候，父母的态度必须温柔而坚定。举子晴的案例说明：当孩子还在自己身边的时候，可以蹲下来看着孩子，坚定地以同理的口吻对孩子说：“今天是你第一天上学，我知道你会有一点害怕，你也会很想念妈妈，妈妈也会想念你。你想念妈妈的时候，你可以怎么做呢？”若之前有过充分的沟通，孩子可能会告诉你，可以看看爸妈的照片，或打电话给爸妈等。

等到快离开的时候，妈妈可以很坚定地告诉孩子：“妈妈再过 3 分钟就会去上班了或离开去买菜了，在这 3 分钟内，妈妈都会在这里。但是等一会妈妈就要去上班或去买菜了。”一边在陪伴孩子的过程中，一边帮孩子做心理准备：“还有 2 分钟哦！”

最后，在时间到的时候，给孩子一个拥抱，然后站起来，让孩子自己离开去上学。如果孩子还是不走，父母也必须温柔而坚定地转身离开。

心理师与父母的暖心互动

有人会问：“可是那时候孩子哭得好伤心，这对孩子是否太残忍？我要不要再多陪孩子久一点？孩子会不会看到我的离开而留下阴影？”

但我想问：“如果你一直待在原地没有离开，真的有让孩子变得比较有安全感吗？或更愿意去上学吗？”

很多孩子就是知道，自己的哭泣可以留住妈妈，所以才会尽情地放声大哭。在学校也可以看到许多孩子，在父母离去之后，回到教室在跟同学与老师的相处下，快乐到暂时忘记父母离开的这件事。如果父母因为孩子的哭泣而真的折返回来，孩子除了学到自己的哭泣是“有用”的以外，在那个过程中，孩子也一定可以感觉到父母的不安，让他觉得“分离果然是一件很可怕的事情，否则爸妈怎么会这么烦恼”。

因此，回归原点，与其说要处理孩子的分离焦虑，到头来我觉得真正要面对的是父母本身的分离焦虑。

父母的分离焦虑：孩子，你心中是否有妈妈？

孩子会思念爸妈，爸妈会舍不得孩子，都是正常的现象。但有的父母对孩子离开身边的感受其实是非常不安、焦虑的，甚至脑海里出现很多灾难性的想象，如“子晴不在身边，会不会发生什么意外？”而不巧的是，孩子也通常会很敏感地感受到父母心里的感觉。

又或者是，有时父母会把孩子看得太过脆弱，只要孩子一哭，便会觉得孩子承受不起这种痛苦。但其实是父母听不得孩子的哭，好像孩子一哭，自己的心也被哭碎了，所以赶紧把孩子接回自己身边照顾。

再强调一次，孩子面对的分离焦虑是很正常的，不同孩子也有不同程度的焦虑。父母只要能够稳稳地接住孩子的不安，孩子才能慢慢地培养出勇气，迈开脚步，暂时离开父母身边，去探索这个世界。

17　老是爱吵架的“手足竞争”的孩子

“为什么孩子遇到一点小事也要吵”“我两个都处罚了，为什么孩子觉得不公平？觉得我偏心”“拜托，我已经够累了，孩子们不要再吵架了！”身为父母的你，又怎么看待手足竞争呢？

为什么会手足竞争

柔柔与强强是一对姐弟，彼此相差2岁。妈妈平常在家，最常处理的就是这对姐弟的冲突。

柔柔常常会跟妈妈抱怨，妈妈对弟弟比较好。在还没有上学之前，每次跟弟弟吵架，妈妈都会骂柔柔说：“当姐姐要懂事一点了，弟弟年纪还小，要让着弟弟一点。”平常在家也需要做很多家事，弟弟却总是在旁边捣蛋，柔柔心里好委屈。

强强也会跟妈妈抱怨，妈妈对姐姐比较好，常常羡慕姐姐可以学很多才艺，自己想做很多事情时，却一直被说年纪还小，还不能做。有时候强强也觉得很委屈，觉得姐姐很“恰北北”，动不动就对自己生气。可是妈妈每次都没有看到自己被姐姐欺负，只会大声地骂着：“不要再吵了！”强强心里觉得不平、又委屈。

而妈妈也觉得非常心力交瘁，每次自己已经尽可能地对姐弟“公平”，有时还试图“好声好气”地规劝两个孩子，可是怎么努力，好像永远无法让两个孩子满意，心里又受挫折、又难过。结果最后，妈妈也不小心把这种烦躁与对自己的失望，转为愤怒地丢到孩子身上。

因为“爱”的资源有限

“竞争”可以说是人类史上，永远会存在的议题。

在原始社会，人类会跟动物，或其他部落的人竞争，占领地、抢水源与食物。在现代社会，虽然资源丰富，不怕饿死，但是却很缺“爱”这项资源。

其实竞争就是在“资源有限的情况之下，无法妥善分配”而衍生出来的争夺，只是手足之间要竞争的不是钱，而是父母的“爱”。因为对孩子而言，父母的爱是最珍贵的，因此才会开始跟手足竞争。

小至为了玩具而大打出手，吵着公不公平，吵着爸妈偏心；大至社会新闻上，知名集团发生兄弟相残的血案，皆是如此。

“爱”的多寡，取决孩子主观认定

只是爱要怎么分配？爱能够公平吗？

很多父母说：“我对两个孩子的期待是一样的啊”“他们都是我的孩子，我都爱啊”“每次同样的东西我都买两份，难道做到这样还不够吗？”

问题就在于，这里所谓的“公平”，并不是父母客观上的公平，因为爱的多寡，完全是由孩子本身主观的理解及认定而来的。

很多父母在面对孩子手足竞争时，很容易陷入“我到底要怎么做，才能够让孩子感觉到公平”，或是“拜托，我已经够累了，孩子们不要再吵架了！”的困境里。

但在手足竞争这个议题上，尤其记得要“对人不对事”，也就是说，不要只是把力气花在“怎么做才公平”，而是要把力气花在“如何去理解在孩子的主观世界里所谓的‘不公平’。”

“家庭星座”里，手足所扮演的角色

很多父母会问：“我真的不懂，他们兄弟姐妹为什么要因为这种‘小事’而吵成这个样子？”“我都用一样的教育方式，为什么孩子的个性相差这么多？”

其中一个部分，大概跟孩子的天生气质有关，但另一个部分，也可以从阿德勒提出“家庭星座”的角度来理解孩子的主观世界。

“家庭星座”这个概念，顾名思义，就是家庭里的每一个人，就像是星星一般，散落在每个不同的位置。如果用来比喻手足关系，就像是每一个不同出生顺序的手足，很可能会因为他特殊的位置，扮演不同的角色，而有着不同的习惯与个性。

以下针对老大、老二、老幺、独子的心理去做一些探讨。

老大：陨落的星星

老大在第二个孩子出生之前，“独占”父母的爱。但是在第二个孩子出生之后，父母会照顾这个初生的新生儿多一点，而老大则会敏锐地感觉到，父母对自己的关爱，瞬间因为另一个“讨厌的生物”（弟弟、妹妹）而锐减。

我听过一个很生动的比喻：身为原配的太太，原本跟老公的感情非常甜蜜。突然有一天，老公从外面带了另一个女人回来，然后告诉原配说：“这是我在外面认识的另外一个女人，从今以后我们三个就是一家人！我爱你们两个一样多，所以你们要彼此相亲相爱！”

我相信很少有太太会接受这样的事情。但这种看似荒谬的情境，被喧宾夺主的失落与愤怒的心情，正是老大所感受到的。于是会发生两种情况，一是想要讨回失去的爱，却弄巧成拙；另一个是享有更多的权力与责任。

(1) 讨回失去的爱，却弄巧成拙。面对这么巨大的失落，身为老大的孩子就会用本能反应去表达他的抗议，但实际上是想要讨回失去的爱。而最常见的两个方式是退化及闹脾气。

退化反应，例如尿裤子，或者一些原本已经学会的事情，却又变得不会做了。退化的目的是，老大认为当他们变得弱小或无能时，或许就能够退回小时候，像弟弟、妹妹一样被爸妈照顾。

另一种反应是开始闹脾气。因为孩子小小的心灵不知道该怎么处理“被夺走爱”的感觉，就会开始对父母生气，对弟弟、妹妹生气，并且出现一些问题行为，例如：欺负弟弟妹妹、做出一些捣蛋的事情。但背后的心理是恐惧的：我宁可父母骂我，也不要不理我。

然而老大的这些“抗议”行为，通常会被爸妈视为“捣蛋”，而且会想“我都已经那么辛苦了，你还在跟我作对！”在爸妈身心俱疲的情况下，对老大也会慢慢地表现出有些不耐烦。

老大则会把父母态度的改变，当作是爸妈真的不爱自己的证据。于是，孩子便更容易地用问题行为去抗议自己失去的爱。

这时，若父母还是用指责或管教纠正孩子的问题行为，反而让孩子更不安和害怕，开始启动亲子冲突的负向循环。最后会在老大的心底，种下自己永远不如弟弟、妹妹那般被疼爱的自卑感受。

其实面临失宠的老大，心中最害怕、也最想问的一件事情就是：爸爸、妈妈，有了弟弟或妹妹，你们还会像过去一样那么爱我吗?

（2）享有更多的权力与责任。身为老大，除了会更在意秩序、细节，因此在性格上更为谨慎外，其实他们通常能享有一些权力，例如：能够“带领”弟弟、妹妹的权力感。如果发展得好，老大还可以当一个称职的领导者，成为爸爸、妈妈的小帮手，并且成为一个很有责任感的人。

但同时，若父母的情绪或性格不够稳定的话，老大也会感觉自己似乎必须承担起更多情绪上，以及事务上的责任。例如：当爸妈有情绪困扰时，有的老大第一个反应是：我该怎么做，让爸妈好过一点呢？甚至在心理上，成为第二个隐形的爸妈，也是我们常说的“亲职化”的小孩。这些小孩在成年之后，也会因为扛了太多责任而感觉有压力，但又“停不下来”，无法轻易地放松以及被照顾。

这也是为什么，很多身为老大的咨询者，谈到自己很容易会被父母的反应给影响：“我常常觉得，弟弟或妹妹好像都可以不用去理会爸爸或妈妈的情绪，很多事情好像都不关他的事一样，可是我就是会被影响，必须去处理。”在口气中，可以听得出，他们一方面又羡慕、又嫉妒，弟弟或妹妹好像可以落得轻松。但另一方面，也会怀疑是不是“自己哪里有问题”“抗压性比较低”，所以才会有苦恼。

我常会说：“那是因为身为老大的你，挡下或承接了很多父母的压力。而你的弟弟或妹妹在你的保护之下，当然可以过得比较舒服、安心。是你用这种过度承担的方式，保护了你的弟弟或妹妹。”

老二：被忽视的星星，永远的“第二”

老二因为一出生，前面就有一个哥哥或姐姐，所以他们从来没有享有过“独占”爸妈的经验，所以即便有下一个小孩的诞生，失落感并不会像老大一样那么巨大。

但是老二从一出生下来，前面就有一个“老大”存在，因此老大就会成为老二的前导者或模范，所以很多弟弟或妹妹会说：“我长大要变得跟哥哥或姐姐一样”“我长大要跟哥哥或姐姐结婚。”

但老二也可能一直把老大视为一个威胁或是竞争对象。如果老大的表现优异的话，对老二而言，心里也会有一种自卑感，如他们可能认为“我的哥哥或姐姐，就是走在我的前面，不论我再怎么努力，我永远赢不过他”。这种即羡慕但又怨恨的心理，很容易地勾动自己内在的自卑感。

(1) 夹在中间，不被看见。如果老二底下还有弟弟或妹妹，那种“不被看见”的不重要感，也会更加强烈。因为他不像老大一样强壮，也不像老幺一样被疼爱，他就“只是个”不特别的老二。所以，有的老二会有一种比不过别人的自卑感，而选择自我放弃，或是反向作用发展出另一种看起来夸大，也就是闽南语说“澎风”的样子。

(2) 察言观色，以利生存。但老二也有一个很大的好处是，他可以“观察学习”。也就是说，他可以看见哥哥、姐姐在自己前面，犯下什么样的错，讲了什么话惹爸妈生气，然后就“不做”这些不好的事。因为老二习惯站在一个比较观察的位置，也比较不容易惹父母生气，结果长期下来，就形成“老大总是调皮捣蛋，不像老二总是乖巧懂事”的印象。

而这也是家庭中很常见的动力：老大在前面，带着那种被忽略的恐惧横冲直撞，犯了很多错被爸妈纠正；老二在后面，看着老大犯错与被责骂，很聪明地避开那些会被责骂的行为，变得很乖、很听话。

老大气爸妈总是骂自己、疼弟弟或妹妹；老二内心其实也不好受，因为他们也会担心“如果我没有一直这么乖、这么听话，会不会爸妈就不爱我了？”

老幺：承担最少责任与焦虑的宠儿

身为老幺的我，常常被问道：“你是家里最小的，爸妈一定很疼你吧？”的确，在老幺这个位置，也存在几个特色：

(1) 在心理上，“放弃竞争”，改走别条路。因为从来没有经历过另一个小孩出生时的震撼与失落，比较没有那份失落感；但也因为老幺怎么样都追不上前面的哥哥姐姐，有许多老幺其实会直接“放弃竞争”，改走别条路。以我为例，我就是在四个手足里，唯一一个没有回到老家，跟爸妈一起从商的孩子，而是走出了一条属于我自己的心理咨询师生涯的路。

（2）就经济与现实层面，享有丰富资源。大多数的父母在生到老幺的时候，事业通常会发展到比较稳定的阶段，老幺在物质上也享有比较多的好处。所以很多人说老幺很受宠，有很大一部分也是因为父母亲的确在现实层面上能够提供给老幺比较多的协助。

（3）跟父母的互动上，也会负担比较少的情绪压力与焦虑。有句话叫作“第一胎照书养，第二胎照猪养”。通常爸爸妈妈在生前面几胎时的焦虑程度是很高的，这种焦虑会不自觉地传到孩子身上，导致老大多少也会容易焦虑；但生到老幺的时候，因为前面已经养过好几个孩子，父母内心会比较轻松自在一点，所以很多老幺常常会有一种“什么事情都无所谓”的感觉。

整体来说，老幺通常不是那么在意“竞争”这件事情，至少，不是“明着来”地在意。

（4）比较无法学会独立、承担责任。但老幺也有个缺点是，因为前面总有人为自己遮风避雨，如果没有适当的引导与训练，其实无法学会独立、承担责任。发展得差，可能还会变成比较不负责任、无助、过度依赖的状况。

当然，“耍赖”好好运用也是有好处的，例如：在家族关系中，比较愿意被照顾。又像是我在跟孩子的互动上，常常觉得很轻松的原因是，身为老幺的我感觉自己“懒得”承担许多孩子应尽的责任，所以在很多事情上，我会让孩子“早点学会，就能自己处理”，因为我绝对不会想帮他承担，这样我就可以落得轻松。所以我也在这个老幺的位置上，深刻地体会到父母越懒，孩子反而更有空间长大。

独子：缺少跟同学相处的经验，但更快社会化

独生子女，则是处于一个“前无古人、后无来者”的状态。所以他不曾有失宠的经验，也不需要苦苦追赶着其他手足。

（1）更快社会化。因为独子长期跟大人相处，所以他们会比同年龄的孩子更早熟，更能表现出像是成年人的态度与行为。但独子也因为缺乏跟同学相处的经验，如果没有学会如何与同年龄的孩子“合作”，当他们离开家庭，走入社会（例如学校）时，将会面临严峻的挑战。

(2) 不会跟同学相处互动。因为在学校不比在家中，独子会发现自己不管再怎么努力，都将不再是注意力的焦点，有的独生子女会因此感到巨大的沮丧与挫败。而跟同学的关系，也因为缺乏跟同学相处的经验，所以也很难融入同学的人群。

很多身为独子的孩子就会告诉我：“其他人讲话都好幼稚。”但他们想说的是：“我不知道要如何跟同年龄的朋友聊天。”他们心里虽然慌张、不安，但又碍于面子问题，只好表现出看低其他人的样子。而那是因为他们在家里只能学到怎么跟大人聊天。

怎么“善用”初生序

必须要提醒的是，阿德勒所提到的家庭星座，指的是“心理上”的位置。

以我自己为例子，我有三个姐姐，虽然我的出生顺序是老幺，但跟最小的姐姐也相差了 5 岁。小时候因为三个姐姐全部在外留学的缘故，我自己一个人留在台湾，并没有太多机会玩在一起，所以我除了老幺的受宠，也带有一部分独子的性格。

在我印象中，我的很多记忆都是独来独往的。在上大学之前，我几乎是没有什么朋友的，也非常拙于跟同年龄的人来往。而在这部分，我的心理位置反而更像独子。

又或者，有的孩子因为他的哥哥或姐姐，有身心障碍或体弱多病，需要多多被照顾的情况，所以虽然最小，但是必须负担起更多的体谅，或者照顾哥哥或姐姐的责任，而在心理位置上，有着老大的责任感或照顾者的特性。

因此，我要强调的是家庭星座不是绝对的结果，因为在成长过程中，有太多事情会影响一个孩子的个性，只是出生顺序是其中重要的考量因素之一。

而回到阿德勒心理学所强调“目的论”，强调是“使用的心理学”，也就是说，每个孩子都有不同的个性与特质，而每个初生序也有它的特色。

因此重点在于，当父母意识到自己或孩子的出生顺序时，可以怎样去鼓励与欣赏这个出生顺序的优势，并补足与学习在这个位置所缺乏的经验。

以下，就以家庭星座里的老大、老二、老幺、独子来举例说明，如何善用其个性特色，平缓手足之间的冲突。

老大：感谢自愿照顾弟妹的贡献感，以及重温“受宠”的感觉

父母可以去感谢老大总是承担起比较多的责任：“谢谢你今天照顾妹妹，真是帮了妈妈好大的忙！”或是给老大机会：“你要不要试试看，推一下妹妹的推车，帮妈妈照顾妹妹？”身为老大的孩子，会从中感觉到贡献感，感觉自己能帮上父母的忙。这对老大来说，是个非常大的成就与鼓舞。因为老大是“不可能”再变回过去那个独占爸妈所有爱的孩子，但是“我能够帮爸妈忙”的贡献感，是他能够用“老大的身份”与爸妈重新联结的经验。

当然，这里提到孩子的贡献，是要在孩子也自愿的情况之下去做的。否则会变成“我都失去了爸妈的爱，现在还要我做这些事！”心中岂不是更委屈了。

此外，老大在地位上“失宠”，都还没失落、难过完，却还要一夕间长大去照顾弟妹，心里又担心害怕父母已经不像是过去一样宠爱自己，所以父母有时候必须让老大重温一下当孩子那种“独一无二”的感受。

举例来说，有时候我会偷偷跟当哥哥的那个孩子说：“因为你已经够高了，所以你按得到电梯的按钮了！弟弟还要过两年才会长得像你一样高，到时候你就可以教他怎么做喽！”

或是父母有时候可以搭配好，让其中一位先照顾一下弟弟，把弟弟支开，然后另一位带哥哥出去晃个 5 分钟，或塞个小糖果给哥哥：“不要让弟弟知道哦！”让孩子偷偷享有一下当初“受宠”的感觉，都会有奇佳的效果。

老二：避免相互比较，改以欣赏不同孩子的各自发展与成就

老二跟老大的竞争意识是强的，为了得到父母的认同，会引发很多比较、自卑、嫉妒等心理。因此父母应该尽量避免将孩子的表现拿来作比较。

很多父母会想用激将法的方式，例如说：“你看哥哥可以做得到，你为什么不行？”这样很容易得到反效果，反而使兄弟之间的纠纷不断。

因此最好能尊重老二的意愿，以及欣赏不同孩子各自的发展与成就，例如说：

“哥哥他篮球打得很好，你也想一起吗？还是你想做别的事情呢”“哥哥很擅长篮球，你的钢琴也弹得很不错，各有各的长处呢！”

这能够协助孩子，不要一直把焦点放在跟另一个人的比较上，而是能够往自己的自我成长与实现的方向迈进。

老幺：练习从“被照顾者”到“照顾者”并感谢所得到的

老幺的致命伤，大概就是容易被宠溺，扛不起责任。因此父母有时候最好能够让老幺适当地承担一些责任，从中体会完成事情的成就感也是重要的。鼓励老幺完成“在他这个年纪，能够做的贡献”，例如：帮忙哥哥或姐姐端个水，让老幺从“被照顾者”的位置，偶尔也能移动到“照顾者”的位置。

其实“能够自在地接受照顾”也是很重要的事情。老幺或许在客观情况下无法做得比哥哥、姐姐多，但至少要让他知道，不应该把其他人对自己的疼爱与付出，视作理所当然的照顾。因此如何让老幺意识到，自己其实是“受照顾”的，并且打从心底、由衷地感谢哥哥，姐姐，或其他人的付出，也是很重要的学习。

因此我也常常会“做球”给两个孩子接，例如我会跟妹妹说：“你看，姐姐帮你拿了那个杯子（或是帮你拿东西、陪你一起玩），姐姐很疼你呢！可以跟姐姐说谢谢吗？”一方面是训练妹妹知道自己是“被帮忙”的，而这种帮忙不是理所当然的，同时也是间接肯定姐姐的付出。

我还记得有一次学习完阿德勒的课程，老师将所有的同学分成不同的出生顺序组别，鼓励我们“老幺组”回去跟哥哥或姐姐说话，我回去鼓起勇气跟姐姐说：“你可能常常觉得爸妈比较疼我，说不定有些事情你也受了委屈，但我很谢谢有你这个姐姐，很多时候都非常照顾我、替我承担很多事情。我很开心你能当我的姐姐。”而我跟姐姐原本疏离的关系，也慢慢地暖化、变得比较亲近一点。

独子：创造跟同学相处，传递“分享”概念

独子很早就学会跟长辈、权威相处，这是一个很棒的优势特质，也值得被好好肯定。但同时，父母也要花心思去补足独子跟同学的互动，让孩子有一些与别人合作、分享的经验。

例如：父母可以多创造一些孩子跟同学相处的机会，鼓励孩子跟邻居或亲戚的小孩一起玩，让独子也有机会去面对跟同学之间的冲突与分享事情的喜悦。

另外，利用日常生活中传递“分享”的概念，例如：将一颗苹果分成三份：爸爸一份、妈妈一份、孩子一份，并借机告诉孩子：我们每个人都有属于自己的份量。即便父母不是真的想要吃这么多苹果，也可以在孩子还很想吃苹果的时候，跟他说：“这一份是妈妈的苹果，但看到你很喜欢吃，我可以把我的这份苹果分享给你。”尽量避免养成独子“总是独占”的心态，从平常生活中学习如何与其他人合作、分享。

父母的价值观如何影响孩子对手足的态度

除了出生顺序，孩子也会因为他的天生气质、特殊遭遇、成长经历等因素，而形成不同的个性。而父母也有自己的“价值观”，多少会对不同性别、个性的孩子产生不同的偏好。

被价值观绑架，产生手足纷争

以性别来说，在传统社会里普遍存在“重男轻女”，或是“女生要帮忙多做一点家事”的观念。有趣的是，妈妈常常是重男轻女观念下的牺牲者，却用同样的方式，要求那个跟自己同样性别的孩子：“女孩子要乖、要听话”，如同最开始柔柔的例子，因“平常在家也需要做很多家事”而觉得自己不被公平对待，“弟弟为什么不用做家事，一定是妈妈比较疼弟弟”的想法似乎也是合情合理的。

又或者，父亲会对于男孩有更多的期待。我就听过父亲跟小男生说：“你是男生，不应该哭哭啼啼，要坚强一点。”父亲的价值观成为小男生心里的枷锁，因此也容易对“爸爸比较疼妹妹”感觉不平衡。

你是真的爱孩子原本的样子吗

在个性方面，孩子因着不同的天生气质与出生顺序，会展现完全不同的样貌。父母要注意的是，个性没办法大改，但能够微调。因此父母所要做的事情，并不是让孩子“完全变成我们心目中的样子”，而应该是“顺水推舟”，让孩子依照他的天生气质去发展成最好的样子。

然而，对于大多数的父母来说，把自己的“价值观、期待、需求”与孩子的“样貌”区分开来很不容易，但若针对不同个性的孩子却轻易下判断，展现出不同的教养态度，那么最后就会形成负向循环，从而导致家庭纷争。

举例来说，一个个性比较严谨、细腻的妈妈，可能会比较认同心思比较缜密的妹妹，而会管教那个大而化之、真性情却带点莽撞的姐姐。于是，姐姐会觉得妈妈对妹妹比较好、觉得不公平，而常常用愤怒来表达抗议，而妈妈就更容易因为姐姐直肠子所说出来的话受到伤害或被冒犯。长期下来，就演变为妈妈跟姐姐的冲突，而妹妹则在一旁扮演那个“乖巧、懂事、体贴父母”的乖女儿，相较之下，姐姐则变成“坏小孩”。

在意成绩的父母或许会太用力赞赏那个专心、表现优异的哥哥，而弟弟则会用尽力气，想要争取妈妈在成绩上的认同，但又害怕，如果自己表现不好，妈妈就会不爱自己。长期下来，弟弟因为给自己太大的压力，反而容易在学业上表现更差，甚至开始怀疑、讨厌自己，也觉得自己永远比不上哥哥。

有需要通过孩子去“感觉自己很重要”的父母，则会把依赖性比较强的弟弟拽在身边，而姐姐看到妈妈与弟弟那么亲近，感觉自己似乎不被疼爱，开始捣蛋，希望引起妈妈的注意。但反而让妈妈把姐姐当作调皮捣蛋的坏小孩，觉得弟弟乖巧懂事。

手足竞争的开始往往是最“微不足道”的小事情，但是家庭是一个系统，很容易在家中启动负向的互动循环。其实不同个性的孩子，他们可以有不同的优势与发展，但演变到最后，很容易变成“符合父母个性与价值观的那个孩子，会跟父母启动正向循环；而不符合父母个性与价值观的孩子，则会开始恶性循环”。在蝴蝶效应的影响之下，同样生长在一个家庭的孩子，会发展出完全不同的样貌。

而要打破这个负向循环的关键点在于，父母是否能够意识到“我的个性、我的成长经验，是否让我比较容易认同或不认同某个孩子的样貌？”唯有当父母意识到，或许不是孩子不好、不听话，而是自己的价值观在隐隐作祟，才能更客观地看待手足问题。

孩子讨爱的背后，是恐惧不被爱

事实上，有安全感的孩子、感觉被爱够的孩子，是不需要花很大的力气，去确保自己是能够被爱的，更不需要去跟另外一个手足去比较、竞争。

我记得在网络上看过一篇短文：

一位奶奶因为年岁已高、安详过世，三个孩子很难过，但他们都能感受到奶奶对自己很深的爱。有一天，他们聚在一起，一同怀念着过去奶奶对自己所做的事情，重温这些温暖的记忆。

在聊天的过程中，哥哥突然露出一个尴尬的笑容，然后跟弟弟、妹妹说：“有件事情，我不知道要不要告诉你们。”在催促之下，哥哥说：“我觉得奶奶是最爱我的。”弟弟、妹妹一边笑闹着哥哥怎么那么自恋，一边问起哥哥原因，哥哥就说：“因为每次放学回家的时候，奶奶都会塞一颗糖果给我，然后跟我说，这个糖果只有给你，偷偷藏起来吃掉，不要告诉弟弟、妹妹，知道吗？”

弟弟、妹妹听了之后，非常惊讶地说：“奶奶也跟我说过一模一样的话！”

原来，奶奶说了一个善意的谎言，却让三个孩子都感觉到：“我在奶奶心目中，是独一无二的！”而记忆中的糖果，则成为三个人心中最暖的回忆。

再回到“家庭星座”中，不同出生顺序的孩子，都在问着同一个问题：我在父母的眼里，是不是重要的？是不是被爱的呢？这时的父母必须发挥独有的创意，让孩子感受到自己的重要性，感受到“孩子啊！不论你做什么、或不做什么，你都是我的孩子，我都会爱你的”。那么孩子自然而然就不需要花很大的力气，用问题行为来跟其他手足竞争，或是乞讨父母的爱了。

如何面对孩子之间的争吵与竞争

谈了很多父母如何理解孩子的心情、让孩子感觉到父母的爱，孩子就不会汲汲营营地去讨爱，并用捣蛋的行为，抗议自己得不到爱的心情。

然而，手足之间总还是会彼此争执与吵架，当孩子挤到你面前告状：“妈妈！刚刚姐姐抢我玩具”“妈妈！刚刚弟弟推我！”时，父母内心如果有个“想要赶快化解冲突”的烦躁感与焦虑感升起，进而扮演“法官”说：“两个人都不要吵了！

姐姐，你都这么大了，就让着弟弟嘛！弟弟，你刚刚有没有推姐姐，赶快道歉！”那么这两个孩子可能会感觉不公平，情绪不断高涨而更争论不休。搞到最后，爸妈只会说：“两个人都有错！赶快跟对方道歉！”结果双方都要吞下自己的委屈。但这些委屈不会消失，而会转变成为下次争吵的引爆点。

因此在这个部分，我建议爸妈不要当法官，而是多多鼓励孩子们之间的对话。

所以想要平息手足之间的纷争，我建议父母最好抱持这三个步骤原则：不评价的聆听、同理性的回应、鼓励孩子对话。

第一步：不评价的聆听

在这个情境里，父母可以说：“刚刚发生了什么事？有谁要说给我听听？”这时两个人可能会抢着说话，于是父母又可以说：“一个一个来，你们两个人都很重要，我都会仔细地听。”

第二步：同理性的回应

而当两个孩子表达完自己的意见之后，父母就可以陈述事实、并且回应孩子的心情，例如说：“弟弟，你想要跟姐姐玩，所以你就拿了姐姐的玩具；姐姐，你觉得那是你的东西，所以你就很生气地把玩具抢回来。可是你太急了，所以对弟弟比较凶，弟弟被吓到，也很生气，所以推了你一把。最后两个人都很不开心。是这样子吗？”

第三步：鼓励孩子对话

而当两个人都感觉到自己所说的话有“被听懂”的时候，孩子的情绪会很明显地平稳下来，这时候父母可以说：“可是我不希望你们两个人吵架，结果大家都很不开心。这件事情，各自都有一些做错的地方，你们说说看自己哪里不对”“如果下次又遇到类似的事情，你们可以怎么办？”

在这个过程中，父母不带评价地引导孩子去思考，更鼓励孩子为这个问题情境负责，试着解决问题，帮助孩子“用自己的力量”去面对这个手足竞争，化危机为转机，反而是个很好的机会教育。

心理师与父母的暖心互动

有的时候，我会建议父母可以主动创造出让手足间彼此沟通对话的机会。

我的大姐与二姐各有一个小孩，年纪非常相仿，彼此像是一家人一般会互称哥哥、妹妹，但两人常常会因为抢彼此的玩具，争吵着谁得到的好处或爱比较多而闹得不可开交。有时候光是为了谁先按下电梯的按钮，或是谁可以坐在舅舅（我）的脚上，就可以闹上半个小时，将大家卷入一场情绪风暴。

身旁的大人，无一不战战兢兢，做任何的选择、买任何的玩具，都要考虑到“公平性”，例如同一份东西都要买上两份，只是“公平”也是人主观定义出来的，大人的公平与孩子的公平可能也非常不同。

有一次我打算送他们一套全实木做的轨道车组，但因为只有一套，我也不想花钱买另外一套，又不想引起他们的“公平之争”，所以我就在把玩具拿回家的时候，决定跟两位小朋友好好谈谈：

“舅舅今天要送礼物给你们！”我说。“耶！”两位孩子非常兴奋与期待。“可是舅舅有一件事情很困扰，你们愿意帮我的忙吗？”我提出我的问题。“什么事情？”孩子似乎被我引起了好奇心。“舅舅想要送礼物给你们两个，可是这里只有一套玩具。我很担心你们两个会因为玩具吵架。”这时两位孩子说：“不会啦！”

孩子为了想要玩具，当然会这样回答，所以我就开始打预防针：“如果哥哥想要玩的时候，妹妹也想玩，那该怎么办？”“如果哥哥已经玩了一段时间，哥哥还想玩，然后妹妹说：‘哥哥你已经玩很久了，我也想玩！’那该怎么办？”“舅舅想要两个人都可以玩玩具玩得很开心，不想看到你们因为玩具吵架，你们可以帮我想办法吗？”我提出了我的几个疑惑或挑战，并且请他们帮我想办法。

这时妹妹开口说：“我年纪比较小，那我先玩，哥哥再玩！”我心里想着，这应该不是太好的方法，但也不急着反驳。我问哥哥：“你觉得这样好吗？”哥哥在那当下果然没有答应。所以我又问：“那哥哥你有什么想法呢？”哥哥也说：“我是男生，所以我玩轨道车，我可以把我的玩具给妹妹玩。”而妹妹也不是很同意这样的做法。

后来我说：“看来两个人都想要先玩，可是我这个玩具是买给你们两个人的，希望你们两个人都可以开心地玩，那应该怎么办呢？”暗示他们的方案需要兼顾到两个人的需要。

慢慢地，两位孩子慢慢地讨论出他们都可以接受的游戏规范。哥哥说：“那我可以跟妹妹一起玩！”妹妹感觉到哥哥的善意，也说：“如果哥哥很想玩，我可以先玩我的玩具，等哥哥玩完，我再玩。”

保险起见，我还是问：“如果你真的很想玩的时候该怎么办呢？”妹妹说：“我有很多玩具，我可以先玩别的！”哥哥听妹妹这样说，他也不遑多让想表现出他的大气地说：“我玩具也很多，那我也可以先给妹妹玩！”

这次的经验让我看见，当我们相信孩子，给孩子一个对话的平台，父母只需要在旁边简单地提醒孩子要找出“双方都能够接受的结果”，不要做任何判断与介入，而鼓励他们继续对话。因为两个孩子都感觉到被尊重，感受过被尊重的人，才能够尊重别人，因此两个人反而能走到父母们希望孩子做到的“互相礼让”。这是一件多么美的事情啊！

18 关闭心房，拒绝跟父母沟通的孩子

“为什么孩子都不跟我讲心事？”这时候就要父母扪心自问“你是个愿意跟别人讲心事的人吗？”如果是的话，那个愿意让你讲心事的人，会让你有什么感觉？如果你不跟别人讲心事的话，那又是为什么呢？

你会不会评价我？教养与陪伴的双重角色

“我的孩子每天一回家，都把自己关在房间里。只有吃饭的时候才会出来，而且吃饭也只是一直看着手机。想跟他聊天，他也爱理不理的。”

“我也只是想要好好了解他，没什么恶意啊。只是我也不知道现在的孩子在想什么，也不知道要跟孩子说些什么，为什么孩子都不跟我聊心事……”

“孩子对我爱理不理的，不知道他眼里还有没有我这个父母……”

所谓的“讲心事”，就是代表你愿意把心中一些真正困扰、脆弱的事情讲出来。就像家里小猫、小狗会翻起最脆弱的肚子给主人抚摸一样。但这个举动，会冒着“受伤”的风险。

如果对方在我们表达脆弱的时候说：“你干嘛想这么多？”“是你自己有问题，才会把事情搞成这个样子！”感觉好像是在我们翻起脆弱的肚子时，又被对方重重地踩了一脚。

“你会不会评价我”，其实是一个人“是否愿意讲心事”，最核心的关键点。

只是教养这门课，父母必须同时扮演两个角色：“教养”与“陪伴”。但有时角色间的切换，却不容易。因为一方面要担心着大大小小的生活琐事与议题，另一方面在“管教”过程中，拿捏不好时会有许多的压力与冲突存在。大人如此，

小孩也一样，因为要怎么整合“严厉”的爸爸妈妈，与“温柔”的爸爸妈妈，其实也是个很大的挑战，尤其是在面对亲子关系的“亲密时刻”。

因此，如果父母想要孩子跟自己讲心事，最重要的是，让孩子可以感觉到：谈论这些事情的时候，是安全的、不会被轻易评价的。

父母要小事不管，孩子遇到大事才会来找你

子茜的妈妈，是个爱孩子但又很没安全感的妈妈。子茜生活的大小事，包含几点睡觉、吃什么东西、穿什么衣服、选什么兴趣班等，每件事情都需要经过妈妈的同意。

子茜在跟妈妈的互动过程中，常常感觉到生气以及委屈，她很气妈妈为什不能给自己多一点的空间。但妈妈听不见子茜的抗议，只觉得孩子怎么年纪越大，越不听话。

有时候妈妈也想放软身段，会想关心一下子茜的生活。但子茜一听到妈妈的声音，虽然知道妈妈是关心自己的，但内心却常常有股莫名的烦躁。

升上高中，子茜觉得在家压力好大，所以会往外跑，跟一些她知道妈妈不会认同的朋友厮混，到三更半夜都不想回家，妈妈越看越是担心。子茜这些反抗、逃家的过程，像是在表达“我不要再被你控制了！”但是在外的过程，子茜心中时常会涌起一股哀伤是“我到底什么时候，才可以回家？”

我的恩师台北教育大学心理与咨询学系教授兼副校长曾端真曾说：“面对孩子，要‘小事’不管，当他们遇到‘大事’时才会来找你。”

很多父母会在孩子出了一些状况之后，跟我说：“为什么发生这么重大的事情，我的孩子都不跟我讲？”然后很生气、心疼、懊悔。

但回过头来看，其实孩子的选择也是很有道理的。如果父母在生活小事上，例如：洗衣服、做作业、几点回家，都斤斤计较、紧迫盯人，那么亲子关系就会陷入一种紧张状态，也就没有时间跟机会，去跟孩子表达与培养一些重要的正向情感。

因为孩子会认为“平常连那些鸡毛蒜皮的小事情，都会被骂。如果这件事情再跟我爸妈讲，岂不是死路一条？他们一定又会骂我一顿，那我还不如自己解决好了”。

这是因为孩子平常在跟父母的相处经验中，理解到“父母不是‘安全’的”。因此心里已预测父母不会接纳自己的错误，孩子当然会选择自己扛。

所以我强烈建议，父母在“陪伴”这门学问上，最好先维系跟孩子的良性关系。在“管教”这门学问上，将对孩子的高压管制，改为相信孩子并带着尊重的心态让孩子自我管理。重点是：父母要抓好自己的底线，只要不是真的危害到孩子的身心或安全，只要不是有“不能承担的后果”，都可以尽量给孩子弹性与空间去尝试。

我记得有个父亲曾经说过：“如果能够让孩子在遇到困难的时候，第一个想起我。那我这个做爸爸的，就没有遗憾了。”

保持距离的相信与尊重，也是一种爱

再来，我想放入一个“发展阶段”的议题。

我猜许多父母会问出“孩子不跟我讲心事”的议题，可能也是感觉到一种“落差感”吧！那个落差感是：孩子小时候总爱“妈妈、妈妈”地叫，虽然有时候觉得孩子好烦，但父母却有种被需要的感觉。当孩子进入初中、高中阶段，似乎一下子开始有自己的生活，便不再需要爸妈。就像我妈常说：“出去好像不见，回来好像捡到（台语）。”其实这对父母而言，是种很大的失落感。

但父母要记住一件很重要的事情：在青少年阶段，孩子的反抗、与父母保持距离、表达跟父母不同的意见，都是孩子个体化的历程，也是孩子人生中的必要阶段。所谓的个体化，白话来说，就是“转变成大人”。

试想，孩子原本就是通过一条脐带，跟妈妈紧紧地绑在一起的，当孩子出生的时候，这条脐带被剪断，但是父母与孩子之间，还是有条隐形的脐带在连结。

到了青少年阶段，这条隐形的脐带会再次被剪断，而这个“断开连结”的过程，对孩子而言，具有革命性的意义。代表孩子可以练习长大：如果我不要靠父母，能够靠着我自己活下去吗？甚至我常半开玩笑地说：“如果到了青少年时期还整天跟爸妈黏在一起，没有跟父母冲突过几句话，那才需要担心这孩子是不是长不大呢？”

如果父母能够挺得住孩子的挑战，孩子便会在跟父母吵架的过程中，发现父母不会因此而被击垮。孩子也会在“跟爸妈保持距离，有些事情我想要自己来面对与处理”“我有一些属于我自己的秘密”的过程中，有机会看到自己其实是有能力做一些事情的，例如交朋友、挺过一些挫折等，而对自己信心大增。慢慢地，孩子便会相信，自己其实也是一个可以独当一面的大人。

当然这只是一个历程，不是一瞬间的事情。而父母若能意识到这个必经过程，并且给孩子犯错的空间，则是一件非常重要的事情。我曾经听过一个例子：

一位爸爸听到她的女儿升上高中，要去跟朋友跨年。虽然爸爸平时跟女儿关系不错，跟那群要出去的朋友也是认识的，也相信女儿有足够的判断力能照顾好自己。但是第一次让孩子自己单独在外面游玩超过12点，没有大人陪伴，对爸爸而言，他焦虑到完全睡不着觉。但爸爸并没有把焦虑，变成对女儿的责骂，而是自己消化着那晚的心绪——孩子“第一次离家”的焦虑，直到隔天女儿平安地回家。

这位爸爸的担心非常合理，但令人敬佩的是，这位爸爸选择自我承受并消化这份“焦虑”，也愿意给女儿一份“信任”。我认为，这份“信任”就是爸爸送给女儿另一种“爱”的展现。

表达“两难”，请孩子一起分担父母的焦虑

当然，父母或许会说：“我不可能不担心啊！如果孩子‘判断错误’，让自己身陷危险该怎么办？”

我想，担心是合理的，但是与其担心，还不如让孩子从现在开始练习为自己的选择负责。因为父母不可能永远陪伴在孩子身边，永远替孩子把关，倒不如趁孩子年纪还小的现在，练习犯错。毕竟年纪越小，所犯的错还不至于大到不可弥补。

如果父母还是很担心，我建议父母可以适时地向孩子表达父母的“两难”，请孩子一起分担父母的焦虑。以前面女儿跟朋友跨年的例子来说：

爸爸可以说：“我知道你很想跟朋友出去玩，可是你知道爸爸是担心你的安全呀。关于这件事情，你有没有什么想法？”

如果孩子说：“你不用担心这么多啦！”

父母可以具体地引导与讨论：“我知道你会照顾好自己的，但是我还是会担心。我没有不让你去，但你有没有什么方法，可以让我对你的安全比较放心呢？”

让父母的焦虑不是被压抑下来，甚至转变成过度严格的冲突与限制。而是变成父母请孩子帮忙，让孩子为父母的担忧想点办法。同时也让孩子有一种能为父母分忧解劳的成就感。

要打从心底相信：你对孩子是重要的

还记得我在“自序”里提到：我的外甥因为我要回台北而抽泣，希望我不要离开的那个画面吗？那时候我觉得好暖、好不舍，也有一种“我对于孩子而言，原来这么重要啊！”的感觉，心中也会涌起一种很想疼惜眼前这个小生命的情感。这种互相觉得彼此重要，并在彼此生命中留下一定分量的美妙感觉，其实也就是之前所提到的“依附关系”。

亲子依附关系的改变与调适

这种亲近的依附关系，在孩子还小的时候，父母会感觉特别强烈。因为在婴幼儿阶段，父母虽然老是为孩子把屎把尿，但看到他们吃饱后甜甜睡去的表情，总让父母心头暖暖的。尤其是听到那个讲话还有点不清楚的小不点，不管什么事情都跑过来跟自己说：“妈妈 / 爸爸，你看！”虽然有点烦，但觉得可爱，并也确信自己在孩子心中是很重要的。

而这种关系，很美、很动人。

只是，这种关系，不会一直持续下去。

因为随着孩子年纪的增长，父母需要多加管教及约束孩子。但是，当孩子进入青春期时，孩子会通过表达不同的声音，来找到自己的定位。这常常会让父母感觉“以前那个可爱的孩子到哪去了呢？怎么现在变了？”

这是个令父母非常煎熬、不安的阶段，但也是一条必经的过程。

而且每个家庭及父母，因为背景环境不同，走过这个不安阶段的速度也大不相同。

如果亲子之间相处比较有安全感，并能深深感觉得到自己对孩子而言非常重要的父母，比较能够去看见“其实那就只是青春期，孩子也大了，就让他自己来吧！”然后快速地度过这段难熬的时期。

如果对自己比较没有自信的父母，就会衍生出很多行为，以降低自己的焦虑与不安。但这反而会让事情变得更加糟糕。例如当孩子渐渐地想要多花点时间做自己有兴趣的事情，或是出门跟朋友接触互动，或有心仪的对象想要谈恋爱时，父母就会说：“不准出去！现在好好学习就好，不要想这些有的没的事情”“每天一直玩游戏”“你每天往外跑都忘记回来了是不是？”而导致孩子跟父母的心越来越远，而渐渐不想跟父母说话、互动。

孩子跟父母保持距离或吵架，是成长必经之路

当孩子往外跑，重心总不在父母身上的时候，会导致父母过于高压的控制，其实这反映着父母内心深处的一种“我不够重要”的害怕。而这种感觉，很有可能是在原生家庭中被忽略的伤。

那个伤，或许是传统重男轻女的观念，或许是爸妈自己的原生家庭中，没有办法给自己足够的照顾与关注，所以从小对于“我不重要”会变得特别敏感。而父母就会把自己“我不重要”的恐惧，丢到孩子身上，开始指责孩子那些看似脱轨，实则是发展自己力量的“长大”；或是有种补偿式的心态，去给孩子过多的爱。

回过头来，父母期待孩子能够跟自己讲心事，跟自己感情好，可以成为孩子生命中很重要的人，其实也是人之常情。但开个玩笑，孩子再怎么样跟自己疏离，父母对孩子而言，肯定是非常重要的啊！不然怎么那么多来做心理咨询的人们，都是在谈与爸爸或妈妈的关系？孩子又怎么会那么轻易地因为你的一个眼神、一个举动，就如此伤心难过、愤恨不平？

孩子跟父母保持距离，甚至跟父母冲突与吵架，有可能是他在长大的过程中，必经的路；也有可能是孩子太过在乎父母，但一时之间不知道要怎么拿捏跟父母的距离，所以只好先“保持距离”以策安全。

但请各位爸爸妈妈们一定要相信“你对孩子而言，绝对非常重要！”

所以，在面对跟孩子的冲突时、在孩子想要保有自己的空间时，身为父母的你，一定要让孩子知道一件最重要的事情，就是“爸爸或妈妈仍旧在乎你，仍旧爱你。

即便有些事情，你会让我生气、让我难过、让我失望，但你永远都是我的孩子，不论遇到什么，我也不会放弃你。”

心理师与父母的暖心互动

其实会写下这一章节，是从许多父母及家长们口中听到的困扰。尤其是我平常当心理师时，听到许多孩子跟我说他们的心情，但却没有太多机会听到家长或父母的反应，所以听到时才发现原来“我的孩子不跟我谈心事”被这么多人关心着，其实我是有点惊讶的。

但事后静下心去想，我是很高兴的。这代表许多父母开始想要且愿意学习去听孩子说话。同时也促使我开始去思考，这怎么会变成许多父母的困境呢？

我发现在整个社会的氛围影响下，很多父母改变过去权威式的教育，并越来越愿意放下父母的身段，与孩子对话。再加上少子化的关系，让父母很容易把重心放在孩子身上，因此才会有很多父母期待“孩子能跟我谈心事”，甚至希望孩子能够跟自己“无话不谈”。

别把“希望被懂”的渴望，投射到孩子身上

只是父母（尤其是父亲）过去原生家庭的经验，导致完全不知道要怎么跟孩子谈话，最后演变成高压统治，或者敬而远之。因为在上一辈父母的高压权威管教下，其实这一代的父母与“上一辈父母好好沟通”的经验并不多，所以他们的内在有一个很深很深“被懂得”或“被理解”的渴望，是匮乏且没有被满足的。

随着年纪增长，开始慢慢会有更多成人的能力，例如：能够赚钱养家、能够跟别人进退应对等，可是内在那个孩子，那些被懂得的渴望，其实不会消失，成为每个人心中的小男孩、小女孩。

于是有些父母，会把这种“希望被懂”的渴望，投射到孩子身上；又或者是带着一种“补偿”的心态，认为“既然我的成长过程中，缺少陪伴与理解，那么，就让我来做个不一样的爸妈吧！”

其实父母想要懂孩子是好事，但多数情况下这份想要懂孩子的心，是源自于父母自身的投射，想通过孩子来安抚自己内在“希望对孩子有些重要性”的焦虑，

或是想借此证明自己能够帮得上孩子的忙，而不致于太无能为力。

“爱”常常是体验式学习。如果父母的上一辈父母不能慢下来跟自己好好说话，或是在情感上表达对孩子的关心，不带太多评价听我们说话的话，当我们成为人父人母时，大多数也只能依样画葫芦，而坐困愁城。

反思父母内心：真的想“成为孩子的朋友”吗？

只要过去传统的高压式管教的影子还在，新一代的父母，即使阅读大量的亲子教养书籍与演讲，在怎么贴近孩子的心，怎么教孩子的新旧知识交替下，也会让许多父母措手不及。

在行为上，有些父母可能选择无止尽地给予与付出的这条路，但这个“给”，却没有给在孩子的需要上。又或者是，想要扮演心目中那个温柔、体贴、善解人意的好妈妈形象，但内心仍有很多评价存在，所以很容易出现“看孩子不顺眼”“这件事情怎么又没做好、那件事情怎么又来了”的评价性语言，或焦虑又会冒出来。

在想法上，父母希望自己能够“成为孩子的朋友”，想要“帮”孩子；可是我觉得，许多时候，父母的“帮”孩子、“懂”孩子，其实是自己内在那个“我不重要”的匮乏声音在作祟。

当父母会很用心、用力，实际上是在说：“你有看见我是一个很努力的好妈妈吗？”但当孩子出现拒绝、反弹，或是闹脾气的时候，心中那份“我都做了这么多，但你怎么还是不领情”的委屈，也会涌出来。

因此当父母告诉我说：“如果孩子什么事情都不跟我说，那我怎么帮他？”虽然带着父母对孩子的疼爱与关切之意，但我认为，这句话的根源，还是来自于父母自身内在小孩的恐惧，恐惧着“我（在孩子心中），是不是重要的？”

所以，如果想要孩子对父母敞开心胸，最重要的一件事是：爱自己内在那个也想要被懂、害怕自己不重要的内在小孩。

父母可以试着相信“我对孩子而言，一定是非常重要的存在。我，是非常重要的！”当父母有这样的信心支持自己时，那份“想要懂孩子”的心，是不会变成害怕自己不重要，或没有帮上孩子忙的焦虑，而成为强迫孩子“跟我讲心事”来安抚自己。

而孩子也会在他真正需要的时候，自动找父母聊聊，分享生命中的喜怒哀乐。

19 过度管教容易教出“以暴制暴”的孩子

父母还沉迷在“棍棒底下出孝子”“严师出高徒”“不打不成器”的想法下教孩子吗？其实用高压或暴力的方式管教，虽然看起来好像很快见效，但仍是有很大“风险”的，甚至会给父母及老师带来更多的麻烦。

关于暴力

“我永远无法忘记，那是一种怎样无助的感觉。当我被呼唤到父亲身旁，准备被揍的那一刻，是我12岁之前的生活中最大的恐惧与梦魇。不管我到底犯了什么错，我永远感觉到我所受的痛苦比我犯的错误可怕10倍以上。我至今仍不时忆起，一个弱小怕痛的孩子，瑟缩地站在愤怒的大人身旁，大人高大、强壮、有力气，愤怒而青筋暴怒，手上挥舞着恐怖的工具，随时可能往你身上击来。那可能是一条皮带、一根扫把、一根藤条、一个巴掌。不管是什么，都会造成肉体巨大的疼痛。而且，我的父亲不准我逃跑或反抗。他说，我越这样他会打得越重。我只好哀求，放弃自尊不断哀求，用颤抖的小手，不止的泪……我唯一的目的就是，希望父亲放了我，不要用棍子打到我身上。可是我常常失败……在被打的那一刻，我有股被天地遗弃的感觉，我会痛恨自己为什么要生下来，为什么要有感觉与生命……这已经是10多年前的往事了。可是，当时那种恐怖与绝望感，至今想起来仍心有余悸。”

——《儿童虐待小论》

暴力与过度管教

先抛开现在社会上的言论，请扪心自问你的内在真实想法：你认为可以打孩子或骂孩子吗？为什么？

我听过很多老师或父母说：“我真的很受不了，现在政府都说不可以打小孩，连骂都不行，结果现在养出一堆没大没小的小鬼头，那到底要怎么教小孩，都被孩子骑到头上了”“我从小被打到大，也没有怎么样啊！”

我可以理解老师与父母的为难与痛苦，好像一旦不打骂，孩子就会肆无忌惮。尤其现在骄纵的孩子太多了，使得老师或父母不知道“还可以怎么教或怎么做”，感觉很无助。

但我认为，用高压或暴力的方式管教，虽然看起来好像很快见效，但仍是有很大“风险”的，甚至会给父母及老师带来更多的麻烦。

从“内政部”警政署防治组的“近年来通报家庭暴力的案件数”统计数据中可以发现，家庭暴力的数字其实是上升的。我猜大部分原因是，在政府反家暴的推广下，原本以“犯罪黑数”[1]存在于台面底下的家暴案件，慢慢浮现到台面上来。

台湾近年来通报家庭暴力的案件数

年别	通报家庭暴力案件数（件）
2011 年	37512
2012 年	43380
2013 年	48119
2014 年	51105
2015 年	57239
2016 年 1~10 月	56281

（资料来源：“内政部”警署防治组）

1. “犯罪黑数”是犯罪学上的一个专有名词，简单说，因为被害人没有报案，或是警察包庇等因素，致真正的刑案发生数量与官方的犯罪统计案件数据有明显的差距。

其实“家暴”跟“合理管教”是一线之隔。而这两者之间，并没有明确的分别，端看父母在过程中是否足够理智，清楚自己在做什么，以及是否符合伦理与道德的规范。

我遇见大多数的父母，其实对孩子的管教，与印象中的家暴是有差异的。但很多是踩在家暴与合理管教之间的“过度管教”这条模糊地带上：在孩子违反规定的时候，会骂孩子；若情绪比较激动时，很可能会“教训”一下孩子。这样的“教训”，父母好像都可以说出一些道理，并强调自己“并没有失去理智”，例如是为了要让孩子“记取教训”。

暴力的风险

但即便如此，我认为在过度管教的情况之下，或多或少还是会对孩子产生一些负面影响。很多孩子在长大以后告诉我说：“我知道我那时候真的是太调皮了，爸妈才会这样对我。可是……，我一想起来那个画面，还是让我好害怕。”

通过打骂来“管教孩子”，父母当然不会说：“我在家暴孩子”，而会说：“我是在教孩子。”但值得思考的是，父母“这么用力”地管教，孩子学到的是什么？

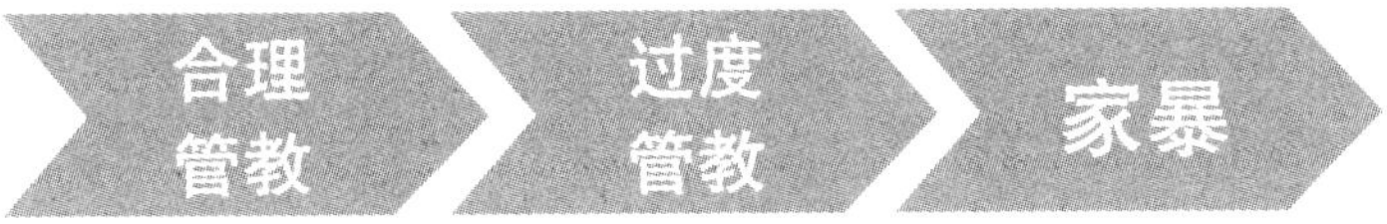

家暴与合理管教的模糊地带

暴力用各种形态，造成刻骨铭心的伤

我跟很多曾经被暴力对待的孩子或成人谈过，尽管有些人会“谅解”父母：“我知道他们是为了我好。”但是当他们回想起被暴力对待的那个场景时，仍旧会瑟缩着身体、泪眼婆娑，像是回到孩童时，父母高高举起手，落在自己身上与心上的痛。

身体的伤会好，而心理的伤，那些恐惧与害怕，是刻骨铭心的。

我看到许多孩子一直到长大成年之后，因为小时候遭受的暴力、辱骂，对人常产生很深的恐惧：总是带着害怕、焦虑与自我怀疑，甚至过度类化到其他人际关系，担心眼前这个对自己好的人，会不会有一天突然就变脸而开始伤害自己；或者让自己变得“没有感觉”，武装起自己，不再去相信另外一个人。

因为暴力教会孩子唯一的事情，就只有“恐惧”、只有“恨”、只有“拳头比较大的人就可以让另一个人听话”。

其实暴力不只是以体罚、殴打的形式出现，还有很多言语的暴力，例如贬低、轻蔑、否定。例如说：“我养你有什么用！”“怎么会有你这么笨的女儿？”

另一个很容易被遗忘的暴力形式是“忽略”，包含视而不见、遗弃，例如有的父母说：“你这么不乖，那我不要你了，我不要一个不乖的小孩”“我们家没有你这种女儿。”或是在孩子不听话的时候，不给孩子饭吃或把孩子关在门外。

这些行为对孩子造成最大的影响，就是让孩子深信“我是糟糕的、没有价值的、不重要的”。

这对孩子的人生来说，无疑是最大的挫败。因为当一个人，打从心底地相信，自己是没有用的时候，那他怎么相信自己是有办法面对人生中的挫折，能够安心地与一个人建立关系，能够善待别人、做出对自己或这个社会有帮助的事情呢？

短期有效与长期更难管教

有的父母会说：“我在教孩子，从来就没有失控过，我只是在教他规矩。”也有很多父母说：“惩罚真的有这么严重嘛？我自己从小被打到大，我现在也过得好好的。”“我打我的孩子，并没有像你说的，受到很大的创伤，我们现在感情还是很好啊。”

也就是说，父母并不认为，自己对孩子的这些作为会造成伤害，而且坚持“惩罚是有用的！”

因为很多父母，看不到孩子在心理上承受了些什么。只是很明确地感觉到，惩罚的确能够对孩子产生一定程度的效果，能够“警惕”孩子，马上让孩子“听父母的话”。

但从实际现场，以及心理学的研究都指出：惩罚的效果是非常短暂的，它可以让孩子“因为感觉恐惧，而不去做那些，你不希望孩子做的事情”，但它却没有办法“教孩子如何判断，哪些事情该怎么做”。

于是，孩子会跟父母玩起“警察捉小偷”的游戏，表面上听话乖巧，私底下会想尽办法，不让你看到他所犯的错误。因为承认自己有错，太过痛苦了，所以会把过错推到别人身上，而变成父母最讨厌的推卸责任、辩解。

另外，孩子如果长期在责骂、惩罚、暴力的教育下成长，很容易让孩子对自己的“犯错”，造成非常巨大的恐惧。这个“恐惧”，不仅让孩子没有勇气去面对生活的挫折与挑战，更会让孩子进入“战、逃、呆”的反应，造成孩子开始跟父母冲突、逃避责任，或是在高度焦虑与恐惧下发傻、发愣。

而孩子的注意力集中在如何防范自己被父母责打上，而非思考如何把事情做好，于是再面对那些父母要求的事情，就更容易出错，形成恶性循环。

其实孩子在被父母惩罚的时候，心里是很痛的。因为太痛了，所以孩子需要让自己“不要那么痛”。所以最好的方式，就是淡化自己的痛苦，告诉自己：“我不要那么在意这些惩罚，我只要不在意，我就不会那么痛苦。”于是，孩子会用一种“我不在意”的方式展现，但在爸妈眼里的解读却是“一定是我惩罚得不够用力，才会让孩子学不到教训”。于是父母跟孩子陷入“父母越来越凶，孩子越来越反抗，或自我放弃”的负向循环里。

是教育，是发泄？还是父母的无助？

不过老实说，暴力另一个非常大的用处，不是对孩子有用，而是对父母有用。能够让父母感觉到“我好像‘没有那么无能为力’。”毕竟举起棍子的那一个瞬间，能够感觉自己是巨大的；面对吵闹或顽皮的孩子，也可以“立即让孩子停下来”。

但我必须很诚实地说，会拿起棍子的父母，其实内心是无助的，“因为我不知道，除了拿起棍子，用这种强硬的方式对待孩子，我还有什么其他的方法？”

惩罚责打孩子，是因为在气头上，还是方便行事？

通常我问父母，为什么要惩罚孩子呢？父母会说：“我只是想要教孩子一些事情”，那么我就要问：“教孩子事情，只有惩罚、责打孩子这个方法吗？如果不是的话，为什么你只用这个方法呢？”

其实细细观察会发现，父母在管教孩子的那个当下，自己大多也是在气头上。因为父母感受到一种被冒犯、不被尊重、我怎么做都没有用的挫败感，而这些感觉，也让父母感觉很痛苦，找不到方法去宣泄自己的痛苦，所以就用暴力或惩罚的方式，来对待孩子。

另外，也有一种父母，并非因情绪“失控”才动手，反过头来，他们是非常“冷静”的，之所以选择“惩罚”的这个方法，是因为这比较“方便”。但同样地，这也是父母在逃避自己内在的一种“我不想要花心思，慢下来跟孩子一起想办法”的焦虑，或是逃避内在对于“孩子的情绪与失控”的恐惧。

但更深的恐惧是，这些父母其实内在很缺乏“爱”的经验，因此对于跟孩子“联结、建立良好的关系”有很深的恐惧感。所以才会用这种最简单、不带情感的方式，对待孩子。因为，这样就不会被勾动起自己内在对于爱与情感的恐惧了。

暴力是会遗传的，父母需要去疗自己的伤

有一天我匆匆忙忙地赶去上班，并在某个路口等着红绿灯，我看到有一辆汽车停在路边。有个看上去30岁不到的年轻小伙子从驾驶座走下来，左手背用大捆大捆的纱布粗糙地包裹着。

他气冲冲地走到了汽车后座，打开车门之后，就开始骂着那大概才上幼儿园的小女孩。我听不太清楚，但隐约听到：“你哭什么！刚刚……，你现在还哭？！”一边说话，一边大力推着小女孩的头。而女孩就只是害怕地哭着，而且还逼自己不能哭出声来。

因为要上班，所以等到绿灯我就骑车离开了。但离开之后，我的心其实很痛，也很后悔，想着刚才我是不是应该要停下来，做些什么？

我不确定这对父女，是否有我不了解的前因后果，才会造成刚刚的互动。但我想起了那个爸爸手上的伤，猜想这位爸爸的生命中是否也有很多麻烦跟困顿，所以他也无力承担起这个小女孩生命中的脆弱。

但我也很清楚，如果孩子长期在这样的情境下，会留下很多心理的伤、对人的恐惧。但因为我无法为那对父女做些什么，所以感觉很无能为力，也很难过。

但，暴力是会传承的。

在网络上，有一张来自墨西哥防治受虐儿的广告宣传，上面写着：“救救我们的下一代，70%受虐儿长大成人后会变成施虐者”。

搭配的图片非常写实，是一个家庭，有五个不同年龄的人。这五个人排成一个圈圈，年纪小的那位，向站在面前那位年纪比自己略大的人走去，象征着一个人的年纪渐长。这个圈圈的头尾相连，其中年纪最大的那个人，看似爸爸，正拿着棍子打着年纪最小的那个孩子，而这个孩子，瑟缩起来、非常害怕。而随着年纪变大，孩子慢慢收起他的害怕，长出他的盔甲与刺，开始对所有事物变得不耐烦。最后绕了一圈，孩子长大了，也变成那个拿起棍子打小孩的爸爸。

当我遇见一个对别人有暴力行为的孩子时，我通常会问：“在你家里，谁会打你？”几乎所有孩子都会讲出一个在家施行暴力的对象。

因此，我必须很严厉地说：“我不认同父母用暴力伤害孩子。”但在同时，我一方面心疼孩子，另一方面也心疼父母。

在我的经验里，会使用暴力的人，在他的生命历程中，往往也经历过大大小小的暴力，体会到非常不堪的种种经验。

也就是说，在我眼里：“会使用暴力的父母，他们心中也都住着一个曾经没有被好好对待，深深受伤的孩子。”而我认为这些暴力，都不应该发生。

也因此，如果你是一个会对孩子使用暴力的父母，我想对住在你心里那个受伤很深的孩子说：

我想说：“那不是你的错。”

我想说：“你要相信，你值得被好好地对待。你是值得被爱的。”

我想说：“我相信你内心深处，一定也希望自己能够当一个很棒的爸爸妈妈，但因为你不知道该怎么做，因为你太少有机会体会到，怎么样被好好对待。所以要重新学习，是非常困难的。但是我知道你想当一个不一样的父母亲。”“但你在当一个好的父母亲之前，请你先试着，照顾你心里面那个受伤的孩子，好吗？”

心理师与父母的暖心互动

在教养的过程中，我十分反对责骂或打小孩，因为对我来说，用这种高压的方式对待孩子，不只孩子心理受伤，最后麻烦的还是自己。

因为孩子学不到你想教他的那些正确地待人处世的道理，他学到的是害怕、是恨、是谁拳头大就可以让别人听话，学到怎么用各种方式逃避责任，与父母权力斗争。

想要父母一时之间放掉这个“速效、好用”的管教方法，似乎很难。但如果开始意识到一些孩子在高压管教下的后遗症，我会诚恳地邀请父母回过头参考本书的“了解情绪的引发及运作，才能跟孩子好好沟通”及“如何协助孩子管理情绪，不暴走！”，练习去管理与调节自身的情绪，以及用引导的方式，让孩子学会如何为自己负责。

如果父母也意识到自己有一些情绪管理或暴力的倾向，想要改却改不了，也鼓励你寻求心理咨询的资源来帮助自己。

父母反思小练习

教养本就不是一件容易的事情，更何况想要用“速成”的方法，教出一个负责任又有担当的小孩更难。因为教养本是循序渐进的。如果你是个习惯用高压的惩罚、责骂、打小孩的方式教育孩子的父母，邀请你静下心来，好好思考以下五个问题：

1. 你希望通过惩罚、责骂、打小孩，想让孩子学到什么？孩子能因为你的做法学到你想教他的事情吗？能够让孩子学到如何自己去判断是非对错吗？

____

____

2. 参考前面的内容，试着想想惩罚、责骂、打小孩，会有什么“风险”？孩子是用“战、逃、呆”中的哪个反应，去面对你的惩罚？

____

____

3. 你是从哪里（谁身上）学来这些高压、严格教孩子的方式的？

____

____

4. 你还记得你被惩罚、责骂、被打的经历吗？这对你的影响是什么？

____

____

5. 请你跟你的孩子聊聊，他怎么看待他被你惩罚、被骂、被打这件事。

____

____

Chapter 4

因为孩子，才学会当父母

或许父母会说：看过那么多亲子教养书，为什么效果不好？或为什么实际跟孩子互动时容易暴走呢？恭喜你有机会走一场“自我探索”的疗愈之路，帮助你提升与孩子、家庭的关系。所以，赶快来看看父母常常被卡住的议题，以及如何自我觉察。

20 从分离课题，认清父母与孩子都是独立的个体

什么是分离课题？简单来说，就是把父母与孩子当成各自独立的个体，当教养问题发生时，要去理清是谁的课题，谁去处理，而不是把情绪与课题混在一起。但身为父母的你，清楚什么是你的课题吗？

什么是课题的分离？

妈妈叨念着："下个礼拜就要考试了，你怎么还在玩游戏？"

一开始强生听到妈妈这样说，想当耳边风，假装没听到。

妈妈见状，忍不住又多说了几句："你再不好好学习，以后就上不了好学校，那你未来该怎么办？"

强生最后终于忍不住生气地回："你管那么多干吗，上不了好学校也是我的事！这是我的人生，不用你管！"然后就砰的一声把门甩上。

被关在门外的妈妈，又生气、又伤心。但也忍不住想："我，是不是真的管得太多了？"

如果要我说，在父母跟孩子的关系里，最重要的一件事情是什么？我想我会说"课题的分离"。

"课题的分离"这个词是在《被讨厌的勇气》这本书里被提出来的；以心理学的用词是"界线要清楚"；用比较白话的方式去解释，就是所有的事情，都必须要以"父母与孩子是各自独立的个体"这个立场去思考。

也就是说，父母与孩子是独立的个体，所以父母会有父母的价值观、习惯、人际模式等。而孩子在长大的过程中，也会慢慢地发展出属于他自己的世界、价值

观与个性，而这些跟父母可能是截然不同的。

但绝大多数的人却陷在“关系”中的困扰，可能源自于“我过度干涉了不属于我的课题”或是“明明是我自己的课题，却被干涉了”。借用《被讨厌的勇气》这本书里的比喻，那就像是踩着泥巴，走进去别人家里一样地不舒服。

而且在我们的社会文化里，其实是不太允许“课题的分离”这件事情。

我在学校任教的这几年，光是看“读书”这件事情，就可以见微知著。几乎所有的父母都担心自己的孩子考不好。每次升学信息出来，就有很多家长，比孩子还着急。关于入学信息，比孩子还想要清楚千万倍。

又或是每当电视新闻报道出了某个重大犯罪事件，民众们就会像是打落水狗般，追讨问着：“他的爸妈是谁？怎么会教出这样的小孩？”仿佛孩子的错，是父母的失职。

这会让很多父母，把孩子的成就当成是自己的成功，把孩子的失败当成是自己的过错。一发现孩子的表现不如自己预期，尤其在别人的眼光与议论下，会很快反射性地反应：“我是不是做错了或做得不够好，别人会怎么看我这个做爸爸或妈妈的？”

但这不完全是父母的界线不清楚，很多时候整个社会也期待父母要为孩子负起一定程度的责任。而这个社会文化的声音，也很容易成为父母身上的枷锁。

怎么判断这是谁的课题？

所以，既然要“分离课题”，就要去判断，这是谁的课题。

但要如何判断这是谁的课题呢？最简单的方式就是问自己：“做了这个选择，最后是谁需要承担这个后果？”

以读书来说，成绩好坏，影响到的是孩子的未来，所以这是孩子的课题。

如果有父母说：“可是考那么差，丢我们家的脸。”或是“我会觉得很担心，也很心疼他过得不好。”这种怕丢脸的感受、自己对孩子的不安，其实是父母内心的焦虑，就是父母自己需要去处理的课题。

当然也有一部分，或许不是那么快能区分开来的。例如：孩子脏乱的生活习惯，会影响到生活在同一屋檐下的其他人。但就这个例子来说，我的观点是，爸妈可以有自己那部分的发言权说：“你把客厅弄脏了，没有收拾干净，但这是大家一起生活的空间，所以你需要把你弄脏的那部分整理干净。”接下来，孩子如何收拾房间，则应该由他自己决定。

只是，孩子最终是否真的如同父母所期望的去打扫客厅（这是爸妈的课题），这仍旧是孩子的选择（孩子的课题），父母不该强迫孩子去做。如果“因为他总是把我的话当耳边风，所以我才会那么生气，才会骂人”，那就是父母把这些需要自己消化的情绪与课题，丢到孩子身上，代表课题没有分离、界限不清。

而这也是为什么我们一直在前面的篇章里，不断地提醒父母“除了看到孩子的问题行为之外，也试着想想，为什么自己在面对孩子的时候，会有这么大的情绪？父母被踩到了什么痛点？跟自己的价值观或过去成长经验有什么关系？”帮助父母把自己这部分的责任理清，并找回属于自己的课题。

倘若，父母真的能认识到“我知道这个是孩子的选择，身为父母的我，不能够替他做决定”的时候，就会发现，其实父母在心理上会让出一个很大的空间，那就是“如果我决定要帮我的孩子，那是我的选择。如果在帮忙的过程中非常辛苦，我也会比较甘愿；即便我不帮忙，那也没有关系，不代表我就是个不负责任的父母，因为这本来就是孩子的责任。”反过来说：“如果我的孩子表现得很好，我会替他开心。即便他做得不好，那也不是我这个做爸妈的错，甚至我可以站在爸妈的立场去‘协助孩子面对自己的困难’。”

这么一来，父母就不会一发现孩子有状况，马上“跳进去”帮孩子解决一切的问题。因为当父母马上跳下去解决孩子的问题时，真正解决的，其实不是孩子的问题，而是自己的焦虑。

“我是为了你好？”是父母的需要，还是孩子的需要？

“可是我做这么多，是为了你好啊！”很多父母站在“替孩子着想”的立场上，要帮助孩子，却被孩子拒绝时，常常会冒出这句话。

这时父母不妨去思考：到底谁需要去承担这个选择的后果，来判断是谁的课题。

另外也可以回过头问父母自己：“我为孩子做这件事情，到底是我的需要？还是孩子的需要？”这个“为了你好”的“好”，是爸妈眼中的好？还是孩子心中的好？

还记得这句话：用孩子的眼睛去看，用孩子的耳朵去听，用孩子的心去感受。如果当孩子对父母的所作所为，已经有了强烈的反感，这里的“为了你好”，反而会成为另外一个冲突的来源。

当父母一直强调着：“书要好好地念，以后上了好大学，才能够有好的工作跟未来。我是为了你好，才会这样要求你。”事实上，这些话本身并没有太大逻辑上的错误，但这是父母的价值观与期待，而父母却有没有看见：这不见得是现阶段的孩子最想要的。甚至父母也有没有看见：孩子在这过程中，必须承担多少来自父母期待的压力。

如果父母真的觉得应该提醒孩子一些很重要的事情或概念，例如：学习会影响未来。爸妈可以告诉或提醒孩子，但要记住，在最后告诉孩子说：“这是爸爸或妈妈的看法，给你参考。你可以自己决定该怎么做。”

不要把孩子当成是完成父母人生遗憾的工具

阿凯的父亲是个收入不算差的中产阶级，在事业上其实也有一番不错的成绩。但是父亲最常说的话是：“你们现在的孩子，真的命好，不像我们那个时候，那么辛苦。”“所以我给你很好的环境，你一定要好好念书，当一个医生，好光耀门楣。”

而阿凯每天在爸爸的期待之下，觉得压力非常大。他并不是没有能力学习，但每次阿凯在成绩上做不到父亲理想中的那个“优秀的儿子”时，爸爸会说：“这次怎么又考差了？”而爸爸的失望，对阿凯而言，是最沉重的负担。渐渐地，阿凯内心深处也形成一个对自己的信念：我只有表现优秀，爸爸才会肯定我，才会爱我。

随着年纪越来越大，阿凯也的确表现不算差，甚至考上爸爸心目中的学校。但阿凯却常常觉得自己很不快乐。那种不快乐，有点难以言喻，好像不是自己的成就，心里非常不踏实。“好像，我过的不是我自己的人生。”

我听完阿凯的故事，问道：“那是谁的人生呢？”

阿凯迟疑了一下，然后在我面前，留下无声的眼泪。

客观地说，阿凯父亲的话，有错吗？或许当个医生，也不是一件坏事。但去深入了解阿凯父亲的想法，会发现这里面其实混杂了爸爸对儿子真切的期许，但也是对自己过去人生的一种补偿。

仔细去看阿凯父亲的成长背景：阿凯父亲从小家里穷困，本来考上重点高中，却因为自己是家里的老大，而不得已休学，提早出来面对人生的考验，赚钱贴补家用。在成长过程中，其实有很多的遗憾与牺牲。

所以那种“因为穷困，而牺牲掉我最想要的选择及自由”是父亲的自卑、痛点。但父亲并没有看见的是他现在的人生，也有一番成就。于是，当阿凯的父亲无法真切地肯定自己时，那痛点也就一直都存在着。

父亲没有面对与处理自己的这些痛点，甚至把这份遗憾转嫁到孩子身上，变成对孩子的期待。孩子虽然感觉到有一些压力，但父亲一句：“我是为了你好”，让孩子把父亲的期待硬吞了下来，并且终其一生努力地完成父亲的期待。

阿凯牺牲了自己的人生去满足父亲的期望，如同父亲当初因为家里的穷困而牺牲掉自己的梦想。于是“牺牲掉自己的人生”这个剧本，在这个家族中被传承下来，其实是一件非常悲伤的事。

孩子需要去找到属于自己的人生，去建立起自己跟父亲的界线，而不是把父亲的失望当成对自身价值感的否定。如果身为父母，也能够在自己这一关守着，提醒自己“我的遗憾，不该由我的孩子来承担”，那对孩子，或许是一种更大的祝福。

从管教到相信

面对“过度涉入”这个议题，父母最重要的功课，其实就是“画界线”。如果父母跟孩子各自是一个圈圈的话，界线就是这个圈圈的边缘。

好的界线，不是僵硬不变、完全不受彼此影响，而是有弹性的。当父母与孩子的关系好时，两个圈圈靠近的时候，边缘是会交融的，是能适度地影响彼此，有情感的交流；不会因为与对方太靠近，而失去了自己的声音与位置。当然也不会为了防范对方，而把自己包得滴水不漏，过度保持距离，不让对方跨过自己的地盘任何一步。分开的时候，又能够彼此独立，安心自在地过着自己的生活。

我认为过去传统的教养方式，父母对孩子总是“手把手地带大”，是一种很伟大的爱，但有时候在这过程中，很容易失去一些父母与孩子之间的界线。

因此，在教养过程中，我喜欢另一个词，叫作“相信”。

无论孩子是什么样子，父母都愿意爱他。

无论孩子遇到什么问题，父母都相信他有能力去解决。

也相信孩子，即便失败了，他仍旧是一个有价值的人，是父母最爱的那个孩子。

当孩子被这样爱、被这样相信的时候。他自然会感觉到，他自己是一个有价值的人，是个有能力可以解决所有困难的人，即便这一路上会遇到很多风风雨雨，很多挫折。但因为有父母的爱与相信，孩子能走得过。

如果父母想要再做更多一点，就仅仅只是“引导”：“你想听听看我的意见吗？爸爸或妈妈认为，这件事情对你的影响是……，我知道你不一定会同意我的看法，但我仍旧想提醒你……不过最后要做决定的，还是你自己。”

父母或许能提醒、指引孩子未来的路。但是要记得，最终做出决定，并且承担责任的，还是孩子。

心理师与父母的暖心互动

最后，说个小故事。我还记得，在进研究所之前，我跟我妈为了要念临床心理还是咨询心理，要念师范大学还是台北教育大学，曾经讨论（争执）了半年多时间。

在某一天晚上的沟通中，妈妈对我说：“其实不论你做什么决定，我都会很痛苦。因为，如果你做了你想要的决定，我会觉得我的意见不被重视，所以我很痛苦；如果你做了我想要的决定，我知道你是勉强自己去迎合我，看到你不快乐，我也觉得痛苦。”

听到她这样说，我想了想，然后鼓起勇气对妈妈说："我知道你很关心我，也很重视我。我有听见、也很重视你告诉我的这些话。其实我也不确定我的决定是否正确，但我很需要你在我身边，我希望在我做错决定的时候，在我跌倒的时候，你还愿意在旁边扶着我站起来。因为你对我来说很重要。"

在对话结束之后，妈妈终于肯放手让我去做我想要的选择，于是我如愿进了第一志愿——台北教育大学心理咨询研究所。而我很喜欢那次的交谈，因为它促使我跟我妈的关系转变。尤其之后的几次沟通，妈妈一样会告诉我"对她而言，觉得什么样的选择对我来说是比较好的"，但在讲完意见之后，她会说："不过妈妈的意见，仅供参考，我相信你不管走什么路，都没有问题的。"

而我在妈妈这个"相信"的背后，感受到一份很深刻的爱，不同于"介入"我生活的爱。

在这次的经验中，我更加确信：当孩子年纪越大，越需要父母的"相信"。孩子也必定能在父母的相信下，成为一个更有自信与勇气的孩子。

父母价值观的自我觉察学习单

父母要跟孩子"课题分离"，首先需要知道：虽然很多时候，某些原则或坚持是有道理的，但是"太过坚持"时，往往是因为孩子挑战到自己的价值观。但如果父母没有意识到那是自己的价值观，不是孩子的，而强加在孩子身上，很有可能会引爆家庭内的战争。因此，我在这里诚挚地邀请身为父母的你，跟着以下的引导，做一点简单的自我探索：

1. 请写下至少5个"我应该""我一定""我绝对不可以"为开头的句子，例如：

（1）我应该让所有的人满意。

（2）我绝对不可以向别人低头。

（3）我绝对不可以生气。

2. 再写下至少 5 个，你期待自己面对孩子时，你心中的“孩子应该”“孩子一定要”“孩子绝对不可以”为开头的句子，例如：

（1）孩子一定要孝顺。

（2）孩子绝对不可以说谎。

3. 如果第二题不知道怎么写，也可以从在家里头，你最容易有“情绪点”的事件往回想：“我怎么这么在意这件事？”“这里头有什么我加诸孩子的价值观？”

4. 这些价值观，对于你、你跟家人的关系，以及教养孩子，有什么影响？例如：

（1）我不可以生气，这会让我不敢与先生起冲突。

（2）孩子一定要有出息，会让我看到孩子偷懒的时候，特别无法忍受。

5. 这些价值观，是从哪里来的？例如：

（1）我的爸爸曾经有外遇，让我妈妈很伤心，所以让我对于“说谎”“不负责任”，非常无法忍受。

（2）我的妈妈总是情绪失控，让我面对冲突的时候，总是躲得远远的。我不希望像我妈妈一样，所以我绝对不可以生气。

21 父母照顾孩子时，请先照料自己的“内在小孩”

什么是“内在小孩”？什么时候父母的“内在小孩”会被释放出来，为亲子关系带来混乱？自己到底要怎么做？才不会让自己在教养孩子的过程中，容易陷入突如其来的负面情绪呢？

看见自己内心深处的“内在小孩”

昱廷平常话不多，对待朋友挺温和友善的，朋友都称他“好好先生”，但是在结婚生了小孩之后，有时候昱廷发现自己很容易对小孩动怒。

有一次孩子又开始顽皮捣蛋，昱廷出言提醒，但孩子还是依然故我。突然之间，昱廷的心里升起一把火来，对孩子大吼：“你到底有没有把我的话听进去啊！你是不是以为我好欺负？”孩子被爸爸突如其来的大吼大叫吓得开始大哭，妈妈急着跑去安抚孩子。

事后，昱廷的太太问：“你真是很奇怪，孩子比较调皮没错，但他是你儿子，你是他爸爸，他是要怎么欺负你啊？”

这时昱廷也才惊觉，自己竟然会因为孩子的不听话，感觉自己“被欺负”。想到自己被欺负，昱廷联想到小时候因为爸爸过世，常常被邻居的孩子嘲笑：“你是一个没有爸爸的人！”想到这，昱廷突然有一种很深的难过涌上来……

诗涵是个认真尽责的妈妈，女儿婷婷也是个活泼可爱、天真烂漫的孩子。但不知道为什么，诗涵发现婷婷很多时候是非常“做自己”的：遇到不开心的事情会生气，遇到难过的事情会哭泣。在那个时候，诗涵常常会有一种“复杂的感觉”。

诗涵一方面知道这是孩子正常、健康的情绪表达，但另外一方面，又常常会有一种烦躁感，更奇怪的是，还会有一种“想哭”的感觉。

有一天，婷婷又在闹脾气，诗涵生气之下说出：“你不要以为只有你可以这个样子！”诗涵被自己的这句话给吓到了。事后她想了一下，感觉婷婷很像小时候那个也很任性的自己，可是当时诗涵因为父母工作忙碌的关系，必须忍着这些委屈，赶快变成一个成熟懂事的孩子。同时，她也一直把这个成熟懂事的自己做得很好。

所以，当诗涵看见婷婷任性时，心里感觉很烦躁，因为“任性”是诗涵不允许自己有的样子，所以下意识会排斥婷婷闹脾气。更深一层的是“嫉妒”，诗涵希望自己也能够像婷婷一样“做自己”；但心里却又很“害怕”，想着：“为什么她可以，我却不行……”于是诗涵觉得自己承受了好多“委屈”，却没有人知道，好孤单……

每个孩子都会长成大人。

每个大人都曾经是个孩子。

我曾经提过，自己的小时候常常是孤单的，而这种孤单的感觉，一直到我长大，都还是存在着。

我认为每一个人内心深处，都有一个孩子。而这个孩子，是在我们小时候，遭逢许多困境时，留在心里的。

在不断长大的过程中，要学习社会化，学习怎么当一个“大人”，甚至戴上面具，去呈现别人可能会喜欢的样貌。但心里的小孩，并没有消失，而是会被隐藏在心里面，我称之为“内在小孩”。

而这个“内在小孩”，平常乖乖的没事。但是当身为大人的我们感到压力、被威胁的时候，就会被召唤出来。这时会觉得自己变得很“情绪化”，好像因为一点小事就有很大的反应。

又或是，父母会在孩子身上，看到自己内在的某些“阴影”。可能是自己被压抑下来的某些个性，甚至是害怕的某些特质，因而被引出更多莫名的悲伤或愤怒。

在那片刻，我仿佛看到父母通过时光隧道，瞬间“退化”成一个孩子。例如：

在孩子哭泣、闹脾气的时候，有的父母也会跟孩子“拗起脾气来”，跟孩子僵持起来，就像退化成小时候跟爸妈赌气、讨爱的自己；有的父母会害怕冲突，会急着讨好孩子，就像是回到小时候看见父母争吵时，害怕父母离婚的小孩子；有的父母会掉进去“我什么事情都做不了，我是个没有用的爸爸/妈妈”的无助深渊里，像是退化成小时候，面对爸妈离婚时无能为力的自己；又或是故事里，昱廷被孩子勾起“被欺负”的自卑感，而诗涵则是痛恨，但又嫉妒着女儿的“任性”，而这都让他们涌起某些情绪。

这些情绪不是现在才有的，而是从小时候就遗留在自己身上，但还没有被看见与处理的感受。

避免把“内在小孩”的匮乏，投射到孩子身上

如果忽略自己的“内在小孩”，只会让自己在许多时候产生莫名情绪而不知所措，甚至有时候，父母也会把“内在小孩”的匮乏，投射到自己的孩子身上。

玉婕是个非常用心的妈妈，会花很多时间去陪着孩子念床前故事、去游乐园玩，给孩子的东西都是最好的，对孩子讲话也总是轻声细语，常常告诉孩子：“你有什么事情，都可以跟妈妈说哦！”孩子好像也总是黏着妈妈。有时候，身边的人都会告诉玉婕：“你太宠孩子了！”，可是玉婕心里觉得很困惑、很焦虑，总觉得自己做得还不够。可是这种“还不够”的感觉，也会让玉婕一直做、一直做。

有一天，玉婕忙了一整天，精疲力竭地躺在沙发上，突然有种很深的难过涌现。看着旁边的孩子开心地玩着，她觉得孩子长得好像自己。这时玉婕才赫然发现，原来她会那么害怕孩子没有得到照顾、担心孩子不跟自己讲心事，是因为从小到大，玉婕一直渴望被父母照顾、希望有人可以听听自己说话，但父母总是太忙，无法陪在自己身边。所以，当她陪着自己的孩子时，有一部分也是想要拯救那个好渴望有人陪的自己。

其实玉婕能够陪着孩子，是一件很好的事。但是当这份陪伴，不是源自于孩子真正的需要，而是玉婕内在的匮乏时，孩子也会接收到父母潜意识的影响，变得“很需要这位妈妈”，甚至让自己长不大，去回应妈妈那份内在的匮乏。

父母能为孩子做的事情并不多。因此不妨回过头去“看见”自己心里面的那个孩子，然后试着去听见他的需要、去照顾他。

千万别忘记，身为父母的我们曾经也是小孩，虽然现在已经是个大人。但可以练习带着这个长大的自己，温柔地回过头问问自己心里面的那个孩子，试着跟他说：“嘿！我现在已经不一样了，我已经有能力保护你、照顾你了！那你，过得还好吗？”

父母内在小孩自我照顾的学习单

以下的活动，你可以自己阅读，用自己的方式，完成下面的指示。也可以邀请你非常信任的朋友或伴侣，请他按照以下的指导语，让你可以跟随着指导语完成。

现在就请你找一个舒适、不会被干扰的时间及地点，调整自己的位置与坐姿，让自己以舒服但又不会睡着的放松状态待着。轻轻地闭上眼，回想一下，你从小到大的这个“家”。

你还记得你小时候的房子吗？你还记得你最常待的地方吗？你还记得你房间的样子吗？房间的摆饰？床单的花色？

让自己回到小时候的场景里，在每一个你曾经待过的地方，走一走、晃一晃、感觉一下那个地方曾经发生过的事情，像是会跟谁说话、做什么事情、那些人最常有的动作与表情？

好，再把脑海里的画面，转回到自己身上。

回想一下，小时候的你，是什么样子的？那时候你几岁呢？多高？多重？穿着怎么样的衣服？剪着怎么样的发型？最常有的表情是什么？最常做的事是什么呢？

如果有一个画面，你觉得这个小孩，会在哪里？做着些什么呢？你看得见他的表情吗？

好，试着让画面定格，然后看着这孩子的眼睛，试着跟他说说话。或许有一些话，是他从来没有告诉过别人的心声。

接下来，请带着自己的感受，回答下面的问题：

1. 如果有一句或几句话，是这个小孩最真实的心声，你觉得他会说些什么呢？

（例如“我觉得我好孤单，都没有人陪我。”）

____

____

2. 如果有一件事情，是他最害怕的，又会是什么呢？

（例如“我觉得很害怕，我好害怕爸爸永远不再回来。”）

____

____

3. 如果有一件事情，是他最想要的，会是什么呢？

（例如“我只希望现在有人可以摸摸我的头……”）

____

____

4. 现在，想象一下，让自己慢慢地走在这个孩子的身边。而你是最了解他的一个大哥哥、大姐姐、叔叔、阿姨，你愿意不愿意，在他的身边，告诉这个孩子一些话，能够让这个孩子感觉自己是被了解、被懂的？

（例如“我知道你很害怕，可是你也很勇敢，很努力当一个大姐姐，还去照顾弟弟妹妹！”）

____

____

5. 你愿意不愿意告诉这个孩子一些话，让他感觉到被支持、被肯定、被欣赏？

（例如“你是可以害怕的，如果你觉得害怕的时候，那都很正常。”）

____

____

6. 你愿意不愿意用你的方式告诉这个孩子，让他能够感觉到你会在他需要的时候，永远陪伴着他？

（例如“当你感觉害怕的时候，我会陪你！”）

____

____

7. 在这个过程中，如果有一些情绪，都是正常的。现在，请慢慢地用你的速度，慢慢地睁开眼睛，或是回到这个房间。最后，问问自己：在这个过程中，我体会到了什么？有什么发现？

____

____

22 父母的关系是合作，不是仇敌

夫妻之间的关系，会大大影响孩子的身心健康，是毋庸置疑的。如何跟另一半有良好的互动？不会因为教养孩子而导致夫妻吵架？或是在夫妻产生冲突时，如何让孩子释怀？还有面对单亲家庭，又如何教养孩子？

从家族治疗，探讨亲子与夫妻之间的关系

先生拖着疲惫的身躯回家，想起今天工作不顺利，被客户投诉，老板也在全部同事面前数落自己，就觉得自己压力好大。下班去跟同事喝了酒，想把一些烦恼丢在脑后。

一回到家，看见孩子与太太坐在客厅，看着太太的表情，胃不自觉地又抽痛了起来。

“你又去哪里了！”太太冷冷地说。

“没有啊！去跟同事应酬。”先生想淡化自己晚回家的这件事，所以轻描淡写地带过。

“现在都已经几点了？不是跟你说过，小孩不能太晚睡。你有想过小孩的感受吗？他隔天还要上课！”太太想起今天孩子在学校又出状况了，跑到学校，还要看老师的脸色。回到家里，突然悲从中来，怀疑自己是不是真的做得不好，但家里又没有人支持自己，有种非常无助的感觉，而那种无助，也转为愤怒，气眼前这个男人不懂自己。

“我又没有叫他等我！倒是你，家里弄得那么乱，有时间还不如好好整理一下！还有，小孩子怎么现在还没睡，你这个妈妈怎么当的？”先生感觉一直被挑剔，

觉得很没面子，开始防卫了起来，所以也开始对太太反击。

“你还有脸说我？小孩是我在管、家也是我在管，你还要这个家吗？你有用心在我们母子俩身上吗？”太太心里好委屈，希望先生可以多关心自己一点，但是不知道为什么，话讲出口，听在先生耳里，又是一个“做不好”的指责。

“我在外面多辛苦你知道吗？”先生本来想要讲出自己在公司所受的委屈，但害怕又变成被攻击的把柄，所以又把这些话吞忍下去。“算了、算了！娶到你，算我倒霉！我只是想要一个平静的家，这很难吗？”先生门一甩，徒留太太跟孩子在客厅。

太太听到，默默流下眼泪，想起好多过去被遗弃的感觉，然后转身跟孩子说：“没关系，爸爸不要我们，还有妈妈在。妈妈永远不会离开你……”

孩子在旁边，被父母亲的争吵吓得一愣一愣的，看见妈妈的眼泪，觉得好难过，觉得爸爸好像是坏人。可是当妈妈抱着自己的时候，又觉得压力好大、好窒息。同时也想着：“是不是我哪里做错了？如果我再努力一点、再乖一点，是不是爸妈就不会吵架了？”

再重申一次，我在学习家族治疗的过程中，体会最深刻的一件事情是“要把整个家庭当成是一个‘系统’来看待”。而这个系统里的每一个人，都用自己的方式生存着，并且与彼此达成一个“动态平衡”。

在一个家庭里的每个人，都会很有默契地分配好各自的任务。如同之前所提到的亲子关系：有个太过勤劳的妈妈，就可能会养出一个依赖、懒散的孩子；夫妻关系里，有个情绪常常失控的太太，就可能会有一个永远想要保持距离、隔离情绪的先生。

而爸妈的互动，是合作或互相攻击，也会影响到孩子的身心健康。

在传统的亲子教养观点里，父母学的是如何“整治”孩子、“处理”孩子的问题，仿佛父母是“没有问题”的；但在家族治疗的观点里，并不是要指责父母有问题，而是更宏观地去察觉及观看“父母的关系，如何影响到孩子？”甚至是：“父母跟孩子，要如何共同维持这个互动的循环？”因此双方都有一份责任。

有的父母会说：“孩子这么小，教养是我们大人的事，孩子真的懂吗？”

“是的，孩子绝对懂。”我非常肯定地说。因为，就算孩子说不出口，但他们都能感受得到。

致力于华人家族治疗与家庭实务工作督导已有数十年经验的李维榕博士，就曾经做过一项名为“希希的故事”的试验[1]：当父母在讨论一些未达成共识的分歧时，在一旁的孩子，虽然看似事不关己地做着自己的事情，但是通过精密的计算机仪器观察，却可以监测到孩子的生理反应，例如：心跳、手汗分泌，并发现此时孩子的情绪其实非常高涨。

因为孩子虽然看起来丝毫不受影响，但却非常注意父母的一举一动，只要有任何风吹草动，他们都很容易受父母的情绪影响。

我在实际现场上也常常发现，若用家族系统的角度来看孩子的问题，会发现孩子许多难以理解的行为，其实真实地反映出家庭里的一些困境，尤其是父母互动上的矛盾，促使孩子使用“问题行为”来表达他的抗议与求救。到底孩子是怎样卷进父母之间的分歧与矛盾的呢?

父亲、母亲、孩子纠结的三角关系

家族系统理论的发展者 Bowen 指出家庭是一个“成团的情绪体”，当两个家人的焦虑程度升高（通常是父母），就会将容易受伤、自我分化的第三者拉进来（通常是孩子），以稀释两人之间的焦虑。虽然这可以暂时缓解焦虑，但反而更难面对原本问题的根源。

以下将探讨家庭里常见的几种三角关系：孩子成为父母争吵的战场；父母与孩子的“代间结盟”；孩子把父母其中一方当作“靠山”、把自己当成祭品献祭给家庭。

---

1. 李维榕博士在 2011 年为“开心家庭网络”拍摄了《家庭治疗篇——希希的故事》，是难得一见的家庭治疗实况，录像片段可以在以下网址看到：http://www.familycouncil.gov.hk/tc_chi/edu/edu_family_therapy.html。

1. 孩子成为父母争吵的战场

如同前面的故事，妈妈对晚归的爸爸说：“现在都已经几点了？不是跟你说过，小孩不能太晚睡。你有想过小孩的感受吗？他隔天还要上课！”以及爸爸回答：“小孩子怎么现在还没睡”等，都是很典型的例子。

夫妻彼此有怨恨时，虽没有直接向对方表达感受，而是把孩子推到彼此前面当箭靶，看似在替孩子出气，但实际上却是不负责任地把孩子当成武器攻击对方。

在这种情况下，孩子很容易变成父母的战场。

但最糟糕的是，导致孩子很容易误认为“我是不是害爸妈吵架的原因？”于是压抑自己的感受，用“过度地听话与乖巧”，以及“避开情绪”等方式来应对这些情绪，反而产生情绪困扰。

2. 父母与孩子的“代间结盟”

如同故事最后，妈妈流泪抱着孩子哭泣，那眼泪仿佛直接流到孩子的心中。

很多父母很容易将没有消化完的情绪，通过眼泪或是抱怨，让孩子承受，使孩子成为爸妈的情绪垃圾桶，例如说：“你知道妈妈是个多糟糕的人吗？”“我们不可以让爸爸看不起我们”等。父母处理不了自己的情绪与焦虑，而把这些情绪与焦虑丢到孩子身上。

于是，孩子能感受到依靠自己身上的妈妈的痛苦，是如此地真实，也心疼妈妈，可是妈妈所抱怨的“爸爸”，对自己而言也是很重要的。但孩子是父母结合之下的产物，基因里有一半的爸爸跟一半的妈妈，若要孩子认同其中一方，对孩子而言，等于是背叛另外一方，内心像是被切成两半一样地分裂，于是会陷入痛苦的深渊。因为孩子很难消化内在那个“爸爸明明没有这么坏，可是在妈妈口中的爸爸却如此不堪，那么平常对我还不错的爸爸是谁？”的矛盾感受。

此外，孩子都是在意父母的，但当他看到妈妈这么痛苦，便很想为妈妈做一些事情，会想要“拯救妈妈”。

如果孩子无法拯救那个忧郁的妈妈，会觉得是自己的责任，而陷入自我挫败，例如他会认为“都是我不够好、不够努力，才会让妈妈继续这么痛苦”。这种自我否定很真实，可是孩子并不知道，妈妈的情绪本来就应该是妈妈自己要处理的。

只是一开始，孩子被误导，以为妈妈的情绪是自己要处理的事情。

如果孩子真的能够“称职”地当起妈妈的垃圾桶，甚至承担起另外一个双亲的责任，成为妈妈的“情绪配偶”，在心理学上称之为“亲职化”的孩子，就会产生另一种痛苦——没办法好好做自己。

我常会对亲职化的孩子说：“你是个 100 分的垃圾桶，你做得太好了，没有人可以做得比你好。”因为孩子在这个位置上是矛盾的，一方面好像真的拯救了父母，但另一方面却牺牲了自己当孩子的任性、撒娇的权利。而孩子也会一直背负着那些“帮不了父母的挫败”“无法离开父母”以及“无法做自己”的罪恶感长大。而且当自己长大之后，对必须离开父母身边去独立生活，也有着很深的罪恶感。

但这一切都不是这个孩子的错，或是必须承担的问题。

3. 孩子把父母其中一方当作“靠山”

爸爸：“你还在玩手机？”

孩子：“……（默默不语）”。

爸爸：“你有没有把我的话放在耳里啊？孩子他妈，你平常是怎么教的？”

妈妈：“我有跟他讲过啊！孩子玩一下有什么关系？如果孩子不玩手机，你会陪他玩吗？你知道照顾小孩有多累吗？”

爸爸：“我没有说你不累，我只是觉得孩子玩手机对眼睛不好啊！”

孩子：“……（默默地继续玩手机）”。

有一种结盟，是孩子被爸爸或妈妈拉下水，去承担父母亲的情绪；但也有一种结盟的方式，是孩子把父母其中一方当作“靠山”，像是站在爸爸或妈妈的肩膀上，变成无法无天的小恶魔或小霸王。

孩子会依赖父母之间，权力比较大的一方，而这个权力的大小，有时候难以定义。例如：爸爸是一家之主，一板起脸孔来，全家人都闭嘴。但实际上，平常花很多时间在孩子身上的妈妈，才是家中真正的掌权者。因为长期在外工作的爸爸，在外可能呼风唤雨，可能是公司的总裁、大老板，权力很大。但回到家里，因为不擅长情感表达，跟家庭成员长期疏离，变成那个没有发言权的“影子爸爸”。

不过，这样的家庭不一定起争执与冲突，主要还是父母之间缺乏良性的对话与沟通，于是孩子会在没有共识的父母之间，寻找有权力的一方帮自己撑腰，并从中找到“缝隙”耍赖、求生、钻漏洞。因此想要解决这个问题，主要还是要回到夫妻之间，有没有建立妥善与足够的对话与共识。

4. 把自己当成祭品献祭给家庭

也有一种状况是，孩子在父母关系变得很疏离、吵架到快要离婚，或是已经冷战到冰点时，让自己变成一位“状况百出”的小病人，例如：在学校出状况，要爸妈一直跑去学校解决；或者赖在家里不去学校；或是身体出现一些检查不出原因的疾病，甚至出现一些莫名的心理问题。

而孩子所出现的这些问题，是因为在家庭潜意识动力里，父母为关心孩子的状况，会放下彼此之间的争吵，跑回来或不离婚了。但当孩子的问题“被解决了”，父母又吵着离婚，于是孩子又“不得不”出些问题，让父母把注意力放在自己身上，如此恶性循环着。

前一阵子很火的台湾电视剧《通灵少女》里，就有一个孩子“小凯”，便是用“被鬼附身”的方式，让爸妈可以停下争吵。但在大多数的家庭里，孩子并没有那么重的心机，只是在家族系统理论里，当父母关系出了问题时，孩子被自然而然地推上去扮演这个出问题的角色，以维持父母的婚姻及整个家庭的平衡。

夫妻关系应优于亲子关系

总归一句，孩子的问题行为或困境，其实与父母之间的相处有很大的关系。父母好好地针对彼此歧见，进行互动沟通与对话，是非常重要的。

一直强调夫妻关系应该优于亲子关系，是因为我发现很多时候，父母因为对另外一半原本就有积怨，在没有意识到的情况下，把孩子的问题搅进来；或因“护子心切”替孩子讲话，导致很容易跟另一半起冲突。结果夫妻一吵起架来，就更没有力气或理性地去讨论孩子的事情。

所以，夫妻间的对话是一门大功课，因此建议父母可以借用与孩子沟通的大原则：先谈彼此的感受，再谈是非对错。

先谈情绪，再谈做法

因为在亲子教养这个主题上，父母之间很容易陷入沟通的僵局，这是因为在面对孩子的问题上，大多数的父母容易产生高焦虑的情绪，因此会很想“赶快找到一个解决方法”。但每个人的个性与价值观又因各自的成长背景大不相同，加上夫妻之间原本就有一些沟通不良的关系体质，于是就会陷入“到底要用谁的方法才是对的”的困境里，甚至变成各持己见、谁也不让谁。

因此建议父母在针对孩子问题沟通时，其实可以有个共识：我们双方有各自的价值观，谁也不可能改变对方，就像我也不可能完全放弃我的价值观，去迎合对方一样。而对话的目的，也不在于‘认同’对方，而是去听懂对方为何这么在意这件事情。

甚至可以把这样的立场，直接告诉另一半说：“我知道我们现在都很急，想为孩子找到最好的方法。我会表达我的想法，但我也愿意听你怎么说。希望你能够了解，我并没有要否定你的意思，我是很在乎你的感受。”并时时提醒自己：“我们双方都想要帮助孩子过更好，这是为人父母良善的初衷。也是彼此愿意继续对话下去的理由。”

夫妻之间是战友，而不是敌人

只要把另外一半当成是“一起为孩子努力的战友”，而不是“要证明谁对谁错的敌人”，会先消解自己对于另外一半的敌意，对话也会变得比较容易一些。

在沟通上，同样也可以“用讯息陈述事实，搭配表达两难”的方法进行，并以尊重的立场向对方表达：“我知道你很担心孩子的未来，所以你对孩子讲话难免会比较急一点，可是我很担心这会造成反效果。因为我看到孩子一听到你大声讲话，他反而吓到不敢动，而且更害怕做错。我观察到这件事，不知道你的想法如何？”

避免“婚姻末日四骑士”的发生

但有时候父母并没有办法那么快地达成共识，即便如此，父母也应尽量避免在孩子面前贬低另一半。用白话来说，就是留点面子给另一半。因为另一半其实是你的战友，如果你在孩子面前打压另一半，岂不是在“灭我方阵营的威风”。

如果真有一些不认同的做法，除非是立即造成孩子的危害，例如：过度地辱骂或殴打孩子，否则父母可以在当下做一点暗示要另一半缓一缓，然后在私底下与另一半进行沟通。

但也不是说，不能在孩子面前争吵。如果只是意见不合的讨论，或者有一些争执与冲突也无伤大雅，因为有时候在冲突之中，反而能够讲出彼此的心声，也可以让孩子体会到，父母的关系不会因为一次冲突而真的破灭。只是父母要注意，当夫妻有争执时，最该避免一不小心，演变成一种彼此贬低、攻击、辱骂，甚至具有伤害性的言论出现。

至于哪些沟通的模式可能是具有伤害性的，应该谨慎小心，甚至避免呢？我建议可以参考婚姻关系专家约翰•葛特曼（John Gottman）所提出的“婚姻末日四骑士”概念。他在“爱情实验室（Love Lab）”的研究里，发现有四种互动模式对婚姻极为不利，甚至可以准确地预测未来的离婚率，分别是：批评、防卫、侮蔑、筑高墙。

婚姻末日四骑士之一：批评

批评，指的是对人不对事，完全冲着对方进行人格攻击。例如：“你这个人就是懒散”“不争气”“你真的很没品位！”等等。

婚姻末日四骑士之二：防卫

防卫，是指在对方攻击自己时，振振有词、煞有介事地为自己的言行辩解，甚至为了保护自己而反击回去。例如：“难道你就不是这样子吗？”“不要只说我，你自己也没有做得多好！”等等。

婚姻末日四骑士之三：侮蔑

侮蔑，即语带轻视地说话，包括揶揄、谩骂，甚至反唇相讥，流露出对配偶的鄙夷，根据约翰•葛特曼的研究，这是最危险的一个末日骑士。

例如：“哼！你还有脸说这种话？真是可笑！”一边说话，一边扯起嘴角，还一边翻白眼。

婚姻末日四骑士之四：筑高墙

筑高墙，也就是常说的“冷战”，当双方关系持续恶化，为了避免自己受伤，而采取“保持距离，以策安全”的策略。或是把沉默和无视对方，当成打击对方的武器。而这也是一种被动攻击，如果持续这样的互动太久，将会对婚姻予以终极的伤害。例如：“算了，算了，跟你讲也只是白费力气！”或是双手交叉放在胸前，表情冷漠，回应极少，避免做目光接触等。

并非出现以上这些行为就要宣告婚姻危机，其实也有“5∶1”的比例理论：五个好的互动，例如微笑、拥抱、表达善意，可以抵过翻白眼或冷战的杀伤力。

也因此，当自己快要陷入以上这些具有伤害性的冲突时，记得赶快悬崖勒马，否则未来要花更多力气修复关系，实在得不偿失啊！

夫妻冲突时，应当正确处理孩子情绪

再回到夫妻因为教养孩子问题而导致冲突或口角的问题，其实我也常常看到一个现象：父母其中一方并不认同另一半的做法，可是又害怕孩子会留下坏印象，就会安慰孩子。举例来说，爸爸用很高压的方式骂孩子：“你怎么那么笨，连学习都不会。”妈妈怕对孩子造成打击，因此对孩子说：“爸爸那么凶，也是为了你好！”甚至说：“爸爸会这样对你，他也不愿意，他也有苦衷。”这时候孩子会感觉很委屈，感觉自己不但被爸爸骂，妈妈也不懂自己的感觉，而内心产生困惑跟矛盾：“如果爸爸对我好，那为什么我刚刚听到爸爸骂我，我会这么不开心。那会不会是我的问题？”导致孩子对自己的感觉感到混淆、错乱。

而妈妈也会变成夹心饼干：对另一半有很多的怨气跟不认同，同时孩子因妈妈不站在他那边而生气，到最后反而两边不讨好。

不要安慰孩子，要同理孩子

会用这种安慰的方式对待孩子的父母，通常害怕冲突或关系紧张，又或者是自己在平常受到伤害时，习惯性地安抚自己、淡化那份不舒服。

安慰是好事，但若那个“安慰”孩子的心态，是出自于对冲突的“害怕”时，反而会变成一种欲盖弥彰的行为，不但不会缓和亲子之间的关系，所带来的冲突与不舒服感，更会变成关系里的暗流。

在这样的情境下，我建议妈妈只需要同理孩子的心情："我知道你被爸爸骂，你很难过，但妈妈有看到你很努力地在学习。"

同理孩子，让孩子的感觉可以被理解，同时也不会否定或贬低另一半的做法，才不会对孩子产生混淆。若事后对管教孩子的做法有些歧见，可以再找时间跟另一半讨论。

教孩子正面看待夫妻间的冲突

虽然夫妻的冲突会影响孩子，但我也不鼓励，夫妻是用"掩饰"的方式，创造一个"没有冲突"的环境给孩子。

一来，孩子其实是很敏锐的，大多都可以感觉得到空气中那些"掩盖起来不对劲的气氛"；二来，孩子从父母身上会学到，原来面对冲突与愤怒，是必须被压抑的，使得孩子心中容易放大"冲突"的破坏性；三来，那些没有被谈论的"不对劲"会留在孩子的心中，并用自己的方式去解读，甚至误读。

其实重点在于教孩子如何面对冲突，并让孩子知道，父母即使冲突，也不会轻易毁掉家庭关系。甚至进到孩子的主观世界里，跟孩子讨论怎么理解父母之间的冲突："刚刚爸爸、妈妈有一些意见不合，有一些情绪，会不会吓到你？"然后听听孩子的说法，关心孩子的心情，如此一来，反而能够将冲突转为正常化。

同时，对孩子而言，能说出自己的心情，其实也是帮助他"消化"那份面对父母冲突时的不安。因为孩子有时候会"想偏"，是因为对父母的争执"不明所以"。于是在模糊的情境下，孩子会用自己个人的方式（阿德勒称之为"私人逻辑"）去解读，如同在开头的故事里，孩子会认为："是不是我的问题，才导致父母吵架？"真正伤害到孩子的不是父母的争吵，而是脑中偏离事实的想象。因此让孩子的"猜测"台面化，是减少孩子在夫妻冲突时被伤害的重要方法。

从"爸妈"回到"夫妻"的独处时光

我觉得很多时候夫妻的冲突，是在结婚之后才慢慢产生的。毕竟孩子的出生，带给父母许多身心压力。那份压力，有时候会让父母忘记当初两人相识成为情人的甜蜜时光。

因此，我建议父母有时候可以稍微“卸任”一下，例如：请保姆或朋友帮忙照顾孩子一个晚上，然后夫妻两人跑去约会、散步、看个电影。或者是在孩子睡觉之后，放下手机、放下工作，帮彼此按摩，有一些身体的接触，为夫妻创造一些简单、平凡但重要的甜蜜小时光。

如此一来，当夫妻之间产生争吵或冲突时，可以试着停下来问问自己：眼前这个常常跟你吵架的“仇人”，是否是也曾经带给你爱与安全感的“恋人”？

如何扮演好“亦父亦母”的单亲角色

谈了很多父母合作的重要性，但也有很多家庭，因为种种关系而变成“单亲”或“伪单亲”家庭。单亲是，父母其中一方因为一些意外或疾病而过世，或是夫妻相处真的有困难而走不下去，选择离婚。而伪单亲的情况，多是因为工作关系，父母一方必须长期驻守在外地，或者因为某些原因，导致父母一方长期不在孩子的身边，没有办法发挥父母原本应该有的功能。

无论是单亲或伪单亲，那个留下来照顾孩子的那一位家长，有时需要承担起更多的责任与压力。

以离婚的单亲家庭来说，很多父母担心离婚后，一个不完整的家庭会对孩子产生负面影响，使孩子少了另一个性别角色可以学习，或是少了一个人可以“管教”等。

父母的担心是合理的，离婚的确会对孩子造成情绪压力，但有时我也想反问：“有个‘勉强’的婚姻，让孩子看到父母总是吵架，会比较好吗？”

事实上，我认为每个人身上都会有着“父”跟“母”这两个角色，任何人可以同时是爸爸，也可以同时是妈妈。因此无论是单亲或伪单亲家庭所要做的，只是去认识内在那个“父”“母”两个角色，并且有意识地在适时展现。

例如：以传统的性别角色而言，妈妈会明显感受到孩子的情绪（母性的特质），而不敢设下界线，甚至怕一不小心宠坏孩子。因此单亲妈妈就必须扮演好属于爸爸的角色，为孩子订定“温和而坚定的规范”。而大多数的男性对情感往往是相对陌生的，因此单亲爸爸也需要多花一些时间，发展内在象征女性的角色，学习用温柔的态度走进孩子的心。

我看过许多温柔且坚强的单亲爸爸或妈妈，把孩子带得很好，让我带着非常敬佩与欣赏的心，去倾听他们一路走来的艰辛。因为在那份不被打倒的勇气底下，所拥有的力量与韧性，反而是孩子最佳的学习榜样！

心理师与父母的暖心互动

其实理想的家庭关系，必须事先建立起强健、稳固的水平夫妻轴线，而孩子则会跟父母各自建立一条安全的垂直亲子轴线。所以，如果夫妻关系不好时，孩子就会被逼迫跳进去处理父母的问题。

但孩子的心里，有一半是爸爸、一半是妈妈，当孩子被逼迫要选择或认同某一方的话，会导致孩子的内在是分裂的、痛苦的，在未来进入社会工作或友交时，也没有办法妥善地在不同角色，或与不同人际关系上保有弹性。

因此当夫妻有问题时，记得把重心回到自己身上，回到夫妻的关系上，别推到孩子身上，这对孩子而言，才是最大的保护！

23 找回父母自己的名字，才能对孩子“放手”

你会“过度干涉、介入、控制孩子生活吗”？你会觉得你在为家庭或孩子牺牲你自己的生活吗？或你正在面临“冲事业”，还是“顾家庭”的两难选择吗？不妨先想清楚你想要的是什么，怎么找回自己。

你是“失去名字”的父母吗

我很喜欢宫崎骏电影《千与千寻》里，白龙对千寻的提醒：“不要忘记自己的名字，如果忘记了就找不到回家的路。”

在家族治疗里，我常常看见一个现象是：“过度干涉、介入、控制孩子生活”的父母，除了本身拥有比较高的焦虑性格之外，我发现很多时候，是因为他们“缺少自己的重心”，甚至有一些生命中的缺憾，而把期待、重心，甚至压力都放到孩子身上。

而“缺少自己的重心”这件事，容易发生在“妈妈”身上。这不是因为妈妈比较容易心软、放不了手，我认为很大原因，是因为整个社会环境对男女性别角色的不同期待所致。

我常常开玩笑地说：很多女性在结婚之后，某种意义上就失去了自我。从原本自己的本名，在结婚之后被冠上丈夫的姓氏，变成陈太太、王太太。生了小孩之后，就变成“孩子的妈妈（或是某某妈妈）”，连 Line 的昵称，都为了要方便与学校联络，换上孩子的大头照与名字。

即便这几年一直提倡性别平等，但我认为整个社会，还是根植着“孩子是妈妈照顾”的观念。孩子就像是父母的延伸，而妈妈更是被期待着要“丢掉自己、牺牲自己”去成就家庭、成就先生、成就孩子。

爸爸们虽然也有这种状况，像是被叫“孩子的爸爸（或某某爸爸）”。但“男主外、女主内”的传统观念下，一般大众对于爸爸因为冲事业而忽略家庭的接受度比较大。光看每年参加亲子教养课程的成员，大概8~9成来的都是女性，便可以略窥一二。

包夹在旧新时代之间的年轻妈妈的内心矛盾

当然，现代社会在某种程度上的确有些改变：越来越多家庭主夫，或者女性愿意在职场上争取一席之地等。但我认为，这反而让现代小家庭的夫妻们，陷入另外一个现代社会的困境。

这困境是，原本传统思想中的“男主外，女主内”，因受到西方个人主义的影响，认为每个人都是独立的个体，使得女性也被鼓励去追求自己的事业、理想与生活。再加上台湾经济环境的关系，促使大多数的家庭必须夫妻两人外出工作，而形成“双薪家庭”。于是在这样的氛围之下，许多原本在家相夫教子的女性，被迫必须出外工作。

要思考清楚是被迫牺牲，还是自愿？

但整个社会对于“女性需要照顾孩子”的期待还是存在的，再加上大多数的女性被这个社会期待所洗脑或根深蒂固化影响。因此当小孩出生之后，若夫妻没有协调沟通好，很多女性等于是身兼两份差：上班要赚钱、下班还要顾小孩。

对某些年轻妈妈而言，想要在孩子的教养上展现自己的自主性，坚持“我的孩子，要用我的方式来教育”，因此毅然决然地选择辞掉工作，回家顾小孩。但心里面却也在为“出去外面工作”的选项挣扎着，甚至内心一直存在着“我是为家庭，牺牲或舍弃掉我的工作”的遗憾。

在这种情况下，妈妈会有一种隐性的预期是：丈夫应该会体谅或感谢我的牺牲与付出吧？并期待丈夫会在这个过程中，对自己更好一点。

事实上，如果妈妈没有意识到自己在做这个选择时，其实是带有一点“用照顾小孩来证明我的自主性”，或是“为了丈夫或家庭牺牲”的味道，长久下来内心深处很容易会不自觉的累积一些“怨”。如果丈夫并没有“如预期般地对自己更好一点”，心中的失望、不满，会转为更多的怨气跟怒气，并爆发出来。

这时，先生也会觉得莫名其妙，“当初是你说想留在家里照顾孩子，怎么现在反倒抱怨起来了呢？”

做出“不愧对自己”的选择

回过头来，我认为现代的妈妈，遭遇的其实是旧时代、新时代之间的包夹与冲突，而内在也会有两个冲突且矛盾的声音并存着。因为，“女性需要照顾孩子、为孩子牺牲奉献”的传统价值观一直存在，并且太过理所当然，导致连女性本身，也会用“我是否有带好孩子”来定义自己这个做妈妈的价值。

如果你正在面临这种“做自己”，还是“顾家庭”的两难选择，我强烈建议，要想清楚自己是为了什么理由而做出这个选择。

在过程中，可以试着觉察自己是否在内心深处偷偷期待着，通过自己的牺牲与付出，换得另一半或家庭的认同。如果是的话，提醒自己能够做出“不愧对自己”的选择：不论做出什么选择，都可以知道这是“我的选择”，尽量不要让自己待在“牺牲、委屈”的位置。

教母亲牺牲自己，却没有教她怎么找回自己

我是一位男性，对于女性在这个社会里的辛苦，或许真的没有办法那么贴近或心有所感，却还是想分享我的一个小小经验，让自己可以稍微体谅那些因为小孩而牺牲自己的母亲：

我在家中排行是老幺，所以在原生家庭中，没有看过比我还小的孩子被呵护照顾的样子。一直到我姐姐生下第一个孩子的时候，才第一次深刻地体会到，原来一个小婴儿，需要父母亲几乎24小时不离身，父母甚至常常要牺牲部分自己的饮食跟睡眠时间，无微不至地照顾这个孩子。

我那时候还很天真地、带着惊讶的心情问我姐姐：“所以你要这样一直照顾他，都不能离开？只有在他睡觉的时候，你才能休息？”姐姐也只是苦笑着回应。

当时的我其实很震惊，因为我从来没认真想过：

一位孩子在妈妈的肚子里时，是跟妈妈紧密相连的，而妈妈在这个时刻，连“身体的界线”都要被打破，让一个生命住进自己的身体里。

出生之后，父母（尤其是妈妈）是需要大幅度地调整自己的生活作息去配合孩子，很难再漂漂亮亮地当个美丽的女性；即便等他度过婴幼儿阶段，也有好一段时间，孩子跟自己几乎形影不离。这样母子高密度的相处，和在孩子 18 岁成年礼时“要求父母马上学会放手”这件事一对比，突然觉得让父母放手有一点残忍。

这也让我反省到，自己以前很不谅解，为什么父母对孩子总是那么难放手，并且站在孩子的立场，觉得父母总是“不相信我们、不放心我们”。

但现在，我似乎可以理解，对父母而言，孩子要长大、要离家、要自主的时候，虽然很开心，但同时内心也充满着失落感。

因为，那么长的一段时间，父母（尤其是妈妈），常常是牺牲自己，去照顾孩子、照顾整个家庭。而这种牺牲，在传统价值观下，叫作“女人的本分”，好像是理所当然。

我看到这个社会教女人如何牺牲、奉献，可是我却没有看到这个社会，教女人们怎么“找回自己”。

因此我在家族治疗里，跟那些不断对孩子付出与照顾的母亲，谈到要怎么“放手相信孩子”，让孩子自己长大时，更能同理母亲那份“放手的难”，例如“我知道要放手，但是过去几十年，已经太习惯不去想我自己。现在突然之间，孩子大了，要我放手，去过自己的生活……这要我如何是好呢？”

当孩子长大，父母也应该学习过过自己的人生

而这就是所谓的“空窗期”。当父母害怕自己面对这样的感觉时，更会紧紧抓住孩子不放。因此，这时我会回头跟孩子说，即便长大了，也要偶尔跟父母撒撒娇，让他们觉得“在孩子的心目中，父母仍是很重要”。

举个例子，在我长大之后，我偶尔会跟妈妈撒撒娇，请妈妈帮我缝缝坏掉的扣子。妈妈一边缝的时候，我会一边在旁边说：“好厉害啊！我都学不会怎么缝。”这时妈妈就会很得意地跟我说，她以前做这些刺绣、插花等手工艺品最厉害了。

在那一瞬间，我仿佛看到那个还是 20 多岁，还没嫁给我爸爸的少女，安静但专注地做着那些她喜爱的手工艺。

所以，我都会紧接着鼓吹妈妈说：“那你现在有空，也可以找回来做，当兴趣啊！”这时妈妈就会有点落寞或退却地说：“现在不行啦，没这个时间啦！”

其实我很清楚，妈妈对于这些兴趣的热情还在，只是为了家庭、为了孩子，已经把那个有热情的自己，遗落在过去的某个地方。妈妈说的“没办法”，仿佛也是在说，她不知道要怎么找回那个年轻时候的自己。

有时我也问我爸爸、妈妈：“如果孩子都长大了，你们可以退休了，你想为自己做些什么呢？”我父母会说，他们就可以悠闲、放松地过自己的生活。尤其我的妈妈，常常说要把自己的工作辞掉，跑到某个乡下种田。

但，那个梦想，会不会永远只是梦想？

我想，如果可以的话，在孩子慢慢长大的过程中，当孩子越来越独立时，父母能不能也慢慢地找回那个曾经因为家庭、小孩而被牺牲掉的自己呢？

当父母开始去做那些自己真正喜欢的事，去过属于自己的人生，就像是找回自己当初遗落的名字。

而我认为，找回自己的名字，其实也是通往每个人内心，那条“回家的路”。

24 重新检验父母的人生，做自己的主人

对父母而言，原生家庭所带来的影响是什么？如果自己也重复了原生家庭的负面影响，又该怎么办呢？或许可以通过一点外在的帮忙，重新检视自己的人生，找回自己的主控权。

父母应当如何走出原生家庭，成为我自己？

美环的妈妈，是个“阿信型”的传统女性。从小她就看着妈妈为了家里的事情忙进忙出，几乎要没了自己的生活。所有生活的小事情，都是能省则省，能忍则忍，让美环看得好心疼，但隐隐地也对妈妈有一点生气，气她怎么总是把自己累得不成人形。

而美环的爸爸是典型的大男子主义。爸爸是家里的经济支柱，几乎所有的重大决定，都是爸爸决定的，而且从来都不会跟家里的人讨论，全都是他一个人说了算。美环面对爸爸，常常有种敬畏且害怕的感觉。但有时候美环也很想了解，那个不苟言笑且充满神秘感的爸爸，心中究竟在想些什么。

美环在成年之后，认识了现在的老公志明。她第一眼就被志明看起来憨厚老实的气质给吸引，似乎很容易亲近。

但结了婚之后，才发现自己的老公与自己的爸爸越来越像，很多事情，志明都不说，美环需要一直猜，而且越猜，志明就越不耐烦，让美环觉得志明是不是要生气了？对现在应该要做什么，或是不该做什么也不知如何下决定。

突然间，美环发现自己唯唯诺诺的样子，跟妈妈一直委曲求全、害怕爸爸生气的样子，居然那么相似！

更可怕的是，美环发现，自己女儿婉婉也跟自己的小时候一样，时不时地会去黏在自己身边。虽然什么话都不说，但看见婉婉一双不安的眼睛，一直盯着自己跟丈夫，就像是小时候那个，想帮上爸爸、妈妈一点忙，却彷徨失措的自己。更想起童年时期，为了不给爸爸妈妈添麻烦，把很多心思都忍下来，那个孤单的自己。想到这，美环突然感觉到有一股悲伤在胸口打转着……

佩芬是另外一个例子，她的家中有一个非常情绪化的妈妈，跟一个木讷至极的爸爸。每次妈妈总会哭喊着自己好可怜、好悲惨，怎么没有人来救救自己，佩芬转头看着自己的爸爸，总是看着报纸，或者直接转身离去。

而佩芬在选择伴侣的时候，决心要找一个“不木头”的对象，所以就被老公俊豪的幽默风趣给吸引。但可怕的是，结婚之后，老公的风趣，竟然变成一种“随便”，很多时候佩芬都觉得，俊豪并不真的在意自己所在意的事情，而每次提出问题，想要一起解决的时候，俊豪也都给不出自己要的回应。

有一次大吵，俊豪生气地摔门离去，佩芬在房间里头失声大哭，在那一瞬间，她惊觉，那个转身离去的背影，竟然跟自己的爸爸好像。

而刚上幼儿园的小女儿，待在隔壁那一间精心设计的公主房，虽然都没说话，但她耳朵很仔细地听着自己的爸妈吵架情景，让佩芬回想她小时候，在爸爸与妈妈的冰与火冷热交战之间，揪着一颗心……

“代间传递”是指父母这一代的问题，遗传到下一代，甚至是更下一代，这是一件非常可怕的事情。

有太多的例子，跟美环及佩芬的案例一样，证明了自己的婚姻关系，在潜意识中复制上一代父母的关系。而自己与孩子的关系，也一而再、再而三地重复了原生家庭（指自己出生长大的那个家）中父母与自己的关系。

有时候去意识到“原来我用这样的方式，重复我原生家庭的互动关系”，其实就是很棒的第一步。只是光意识到，常常是不够的。

唯有重新转身面对恐惧，才能重生

如果身为父母的你正发现自己的家，似乎如着魔似地，不可自拔地开始重演原生家庭的戏码。或许，你可以考虑好好地重新整理、审视自己这几十年来的人生。最好的方式，或许是找一个专业的咨询心理师或心理治疗师，帮自己做一个比较完整的整理。

但这不是一件容易的事情，甚至是一件非常痛苦的过程。过去几十年来，压抑在你内心深处，一些不想看见的阴影、避而不谈的恐惧、一碰就痛的伤口，必须转过身来面对。在过程中，你或许会看到，那个一直想忘记、想压抑的自己，或许是一个被忽略了好久，需要逼自己长大的小女孩；或许是个很孤独、没有人懂的小男孩，甚至可能会重新经历一种整个人生都要被撕裂的感觉，接近那个已经遗忘很久的绝望黑洞。

不过，当你重新转过身，面对那些恐惧，你或许就会发现，恐惧不会消失，遗憾依旧，但身为父母的你会更有能力，去选择想要过的人生，去做一个怎样的父母。

只要你“选择”了想要当一个不一样的父母，想要重新地去对待、去爱孩子，都是令人欣赏，也值得肯定的。

因为，你永远可以选择你想要的样貌，成为你想要成为的父母。

父母反思小练习

当父母们开始自我觉察，反思原生家庭对自己的影响时，会发现自己许多情绪表达、习惯、价值观等，跟原生家庭中的父母是非常相似的。避免自己“重蹈覆辙”的第一步，就是开始觉察与反思，所以不妨先静下心来，做以下的练习题，好好检视自己：

1.“你跟另外一半的相处状况”，跟你原生家庭中“与父母的相处状况”，有什么相似之处？又有什么不同之处？

____

____

2.“你跟孩子的相处”，跟你原生家庭中“你父母跟你的相处”，有什么相似之处？又有什么不同之处？

____

____

3. 父母带给你的影响中，哪些是你想要留在你身上的？哪些是你想要调整或舍弃的？

____

____

4. 如果你可以做一个小小的改变与调整，你会想要怎么调整你跟另一半和孩子的互动？

____

____

25 如何运用父母的幽默感与创造性，化解危机

“认真当一个父母”其实是很累的一件事情，但如果教养孩子本来就没有固定或绝对正确的方法，偶尔当个“孩子”，跟自己的孩子“玩”一下，或“耍赖”一下，也未尝不可。

奶奶传统教育的说法与舅舅创意的游戏教育

有一次，一辆小小的面包车上，挤满了我们家的人，有未满5岁的孩子、孩子的爸爸与妈妈、爷爷、奶奶、舅舅（我）。

还不懂得控制音量的孩子，开心地唱着幼儿园学来的歌、整个身体像面包虫一样不停舞动。拥挤的空间、用餐时间车流的拥塞、孩子的饥饿感，加上奶奶的管教，空气中的情绪张力慢慢升高，于是出现以下的对话。

孩子开心地在车上唱歌跳舞。

奶奶：“某某（孩子的名字），要乖乖坐好，不要乱动。”

孩子：“（持续地扭动）吼！好无聊！什么时候能到吃饭的地方？”

奶奶：“等一等就要到了，你先乖乖地坐着。”

奶奶安抚着孩子，但发挥不了太大的作用。因为孩子当下就是有一种想要“玩”的心情，因为自己被制止，所以心中有一股“无聊”的情绪，以及被大人制止的“挫败”。或许孩子心中知道奶奶说得没错，但这些情绪没有被身边的大人察觉。

当孩子的情绪没有被听见的时候，他会用更强烈地方式，直到父母听见为止。

“吼！可是我现在好饿！”孩子提高音量说。

“可是等一下就要到了，你再等一下下就好！你先乖乖的。”奶奶也开始有点不耐烦。

相信这样的场景，很多家庭都有遇到过。身为父母的你会怎么办呢？

因为身体的饥饿，使得孩子也从原本的兴奋，转为失落、委屈、不满——全车的人也都因为孩子的负面情绪而被影响着——大家更急着想要孩子冷静下来、或安抚得更用力，试图让当下的情绪张力降低，但因为孩子的需求与不满没有被听见，反而让情绪累积得更快。

就在情绪一触即发的这个当下，我决定试着跟孩子“玩玩看”。

我试着用非常戏剧化的声音、表情与动作，大大地吸了一口气然后叹气、耸了肩又往下坠，做出失望的动作，夸张地说：“天呀！舅舅也跟你一样，好饿！好饿哦！”

这时，我退到孩子的位置，不只是我的语言，我的整个身体也变得跟孩子一样“幼稚”。

然后，整个剧情就改变了。

孩子突然傻愣住。然后我继续夸张地说：“可是要怎么办？现在车子好多，我也好想要赶快到吃饭的地方哦。你会不会‘瞬间移动’？不然我就快要饿死啦！”

孩子这时候反而冷静下来，然后说：“舅舅，我不会瞬间移动啦，你也太夸张了吧！”

我看着他无奈的表情，心里觉得好笑，然后我接着问孩子：“还是你有什么办法？可以让我们马上到吃饭的地方？”

孩子则是声音变小、有点咕哝着说：“我也不知道……”

这时我不理会他，继续说：“不然这样好了，因为我肚子太饿，我看你的手手，感觉好好吃，给我吃一口吧！阿嗯阿嗯阿嗯（咀嚼的声音）。”然后我作势要咬孩子的手，并表演出一副非常美味的表情，双手偷偷地在孩子的身体上搔着痒。

我继续开玩笑地说：“是要先来吃脚脚呢？还是屁股？”孩子一边还在调适这个舅舅怎么突然“坏掉了”的错愕心情，一边还要躲避我的搔痒攻势，而开始呵呵呵地笑着。

这一笑，打破了原本空气中僵持的气氛，也翻转了孩子的情绪。

在玩了一阵子之后，我继续找些活儿给孩子做："不然我们来数数好了，你从 1 数到 100，到时候就可以吃到超级好吃的饭了！"心想着，除了转移注意力之外，也训练他的认知发展与延宕满足的能力。

而原本可能会爆发且蔓延超过 20 分钟车程的冲突，就在这样的游戏中被化解了。

为管教孩子找"乐子"的四步骤

从一开始架构这本亲子教养书时，我就非常想要加入"幽默"这一个元素。

因为，我觉得教孩子，有感动、有喜悦、有反馈，但当孩子闹起脾气，身为父母的我们却已经精疲力竭、穷途末路的时候，真的需要找一些"乐子"。特别是当孩子很无理取闹地"撒娇"的时候，我就会跟孩子"任性""耍赖"一下。

于是会出现这些孩子气的对话，我们前后大概花不了 5 分钟，但效果却出奇地好。后来回头我再分析一下，到底在这过程中，做了些什么呢？我大致分为四个步骤：

第一步：用同理心，理解孩子的情绪

首先我用同理的口吻，理解孩子不满的情绪："你肚子好饿是不是？"——读懂并理解孩子的情绪，记得这里并不一定要真正地帮孩子解决问题，只要回应孩子的问题，孩子的情绪自然会平稳。

第二步：表达身为大人的限制与困难

接下来，我跟孩子表达了身为大人的限制与困难："我肚子也好饿""外面车子好多哦""如果有瞬间移动的话（可惜我们没有）"——带着孩子去观察及思考目前父母与孩子共同遇到的困境。

第三步：给孩子思考可以解决问题的机会

因为这次的情境是个无法"马上被解决"的问题，所以更大的目的，是让孩子亲自"体会"到"现实的限制"，同时也能知道自己要求的"不合理"。而父母也不是用说理的方式，如前面奶奶传统教育的说法，让孩子明白现实、尊重现实。

当孩子能在现实之中，学会面对问题、思考问题、解决问题时，就不容易被溺爱与宠坏。甚至会让孩子练习去体会他人的心情，也就是“同理心”的训练。

第四步：用轻松幽默方式转化气氛，转移孩子注意力

然而，尽管孩子知道了现实的限制，但不满的情绪仍在。所以后来我跟孩子用轻松、幽默、突破框架的方式互动：“我要把你的小手手吃掉”瞬间转化了气氛，也帮助孩子学到“等待”“不开心”并不是一件可怕的事情，也让他下次会更愿意学习等待，或是面对自己的负面情绪。

学习偶尔当个“孩子”，转换教养情绪

但我也不得不说，这样“一气呵成”的管教及教养方式，并不是每一次都能够做得到，刚好当天，我自己的心情也不错，也有一种“顽皮”的感觉在我心中酝酿出来，才能够跟孩子这样“玩”。

“认真当一个父母”其实是很累的一件事情，所以我觉得偶尔当个“孩子”，跟你自己的孩子“玩”起来，又未尝不可。

其实教养孩子本来就没有固定或绝对正确的方法，我认为只要能够让孩子有一种“顿一下”的反应，其实就是改变的开始。

身为父母的你想一下，原本孩子预期父母会开始说教、碎念或不耐烦地回应，但是父母并没有走向孩子预期的老套路，而是以一种“新鲜事”的方法呈现，其实对孩子而言，都是很棒的经验。

26 请父母累积与孩子的珍贵时刻

如果父母跟孩子常常针锋相对，或者因为日常琐事而争执不断，现在就请身为父母的你回想一下——还记得，那些跟孩子一起快乐、安心的时刻吗？还记得那张笑得很开怀、幸福的脸庞吗？

在“爱”里相遇，珍惜与孩子的“珍贵时刻”

我还记得有一次跟家人出游，我跟小外甥一起坐在汽车后座。当时他大概2岁多，说要我陪他一起睡觉，我一直说：“这样子会不好睡哦！”但孩子却说：“没关系。”上路没多久，他躺在我凹凸不平的身体上，当作是床，然后很努力地东瞧西瞧，最后终于找到一个勉强舒服的姿势，渐渐入眠。

那时他年纪还小，我把手指放在他的小手旁边，他无意识轻轻地用他小小的手掌抓住我。我闻着孩子独有的乳香，感觉他身体的热气，陪着他沉沉睡着。我很开心，身为一个舅舅，我竟然可以给他那么大的安全感，让他愿意信任我。

而这是留在我心中，我跟孩子的珍贵时刻。

中国人其实是个很不擅长表达“爱”的民族，但很习惯用担心、过度保护来传达父母对孩子的爱。很多时候，父母会说：“我现在这样子对他，孩子长大之后，就会自己体会到，我是为了他好。”

只是更多时候，我在工作现场上遇到的家庭，孩子往往等不到“长大之后就会懂”的那一天，便误以为父母是不爱自己的。而父母所说的长大就会懂，是因为连父母自己也不知道怎么表达对孩子的爱。

这也是为什么，前面要写了很多教养孩子的技巧，但回过头来，最深层的目的，其实是希望回归到亲子关系中，那份最为纯粹的部分，就是“爱”。

“爱”，可以很简单，却很深刻

爱是什么？

可以是一句话、一个画面、一个眼神、一个微笑。是一种发自内心，看着眼前的孩子，打从心底，涌现出来的一种善意，一种很想要好好疼惜孩子的心意。

在我的观察与经验里，绝大多数的父母都是爱孩子的，只是爱孩子的心意，很可能因为很多价值观、过去习惯与经验的影响，而让爱孩子的心意，变成了担忧，幻化成像是“控制”的压迫。

“爱”可以很深刻，但也可以很简单。

我在学校任教的时候，曾经要学生写一份“爱，原来如此”的学习单，要孩子写下“孩子的重要他人（例如：爸爸、妈妈、爷爷、奶奶、阿姨）曾经做过什么事情，让孩子感觉到很感动？”

大部分的孩子，写下的都是一些很小、很小的事情，例如：

“平常都很严格的爸爸，突然有一天说：‘没关系，今天就早点休息吧。’”

“有一次，妈妈在我生病的时候，很慌张地带着我去看医生，我可以感觉到妈妈真的很在意我。”

这些片刻，都是父母很真诚地流露了对孩子的关心。

这些“微不足道”的事情，反而最让孩子记忆深刻。

而在这份“爱，原来如此”的学习单里，我也有另一个问题想请教父母：请父母告诉孩子，孩子过去曾经做过什么事情，让父母亲感觉到贴心、感动、温暖？

大部分的父母，记起的事情，也都是很小、很小的事情，例如：

“当我身体不舒服的时候，孩子帮我送上一杯热茶。”

“有一次看我很累，主动地说要帮自己按摩。”

“他在幼儿园的时候画了一张图说：‘妈妈，我爱你！’”

跟孩子起争执时，请回想你与他一起的美好时光

我也曾经遇过一位母亲，一开始花了很大的心力，还是很难很难地回想起孩子做过什么令自己感动的事情。到了最后，这位母亲想到了：

“当我很辛苦地生下了他（孩子），第一次将他抱在怀里的时候……该怎么说呢？好像他什么都不需要做，光是在那，好好地活着，我就觉得我很幸福，我觉得只要他健健康康地，那就够了……”

我看着说完这句话的妈妈，那红红的眼眶。

如果身为父母的你跟孩子常常针锋相对，或者因为日常琐事而争执不断，现在就请你回想一下“还记得那些跟孩子一起快乐、安心的片刻吗？还记得那张笑得很开怀、幸福的脸庞吗？”

不论你们的关系如何、记得或不记得；我都邀请爸爸、妈妈，完成下面这张“我们珍贵时刻的学习单”的问题；或邀请你的孩子，一起讨论这些题目，分享彼此的答案。

心理师与父母的暖心互动

重点不在于一次回答出所有的问题，而是让自己的“心”可以慢下来。当心慢下来，才有机会柔软。当父母的心变柔软的时候，才有机会让孩子与自己相处变得平缓而美好，并不是进入“备战”状态。

有时候父母做了很多很多的事情，其实不一定是孩子所期待的，但比起盲目地尝试，有时候倒不如直接问孩子：“皮皮，你可不可以告诉妈妈，我曾经做过什么事情，让你觉得很开心、很喜欢？”借此去了解孩子的珍贵记忆；或者是“儿子，你可不可以帮爸爸一个忙，我们一起来想想看，有什么小小的事情，是我们平常可以多做一点，让我们两个人都很‘开心’的？”甚至欢迎父母与孩子一起“创造”一些新的记忆。

当孩子的心被抚慰，当爱开始流动的时候。原本的困难、冲突、麻烦，也都会迎刃而解。即便问题依旧，但彼此也能够因为看对方的眼光变得更柔软，而能够给出更多的包容。

我们珍贵时刻的学习单

你有多久，没有好好地看着你的孩子，感受着跟孩子“在一起”的感觉？你还记得那是什么感觉吗？现在，请你安静下来。闭上眼睛，回想一下，从孩子出生以来，在你记忆中……

1. 曾经有过什么样的经验、画面，是你非常珍惜的，会让你想要反复拿出来回味？

2. 孩子曾经对你做过什么事情，是你非常感动、欣赏、骄傲的？

3. 问问你的孩子，你曾经做过什么事情，让他感觉到你是爱他、关心他的？

4. 如果在未来，你跟你的孩子可以共同创造出一些回忆，这些回忆是你与孩子在 10 年、20 年后，想起来会在脸上泛起微笑的，那会是什么事情？你在接下来的日子里，可以多做或少做些什么事情，去创造出你跟孩子的“珍贵时刻”？